U0858479

我的城市我的书

焦　扬　主编

献给 2010 中国上海世博会

上海文艺出版社

目 录

7 序 / 焦扬

书与城：上海
一个世纪的传奇铸就一座城市的灵魂

15 温暖人生的一套书
18 走进图书馆，然后……
21 吾辈自是爱书人
24 久读诗书享诗意
28 廿载书缘浦江情
31 我的城市，我的书
35 书友常交往　书香驻城市
38 用一本书安放我对上海的记忆和感情
42 阅读让我们更美好
46 追随心底的渴求读书
49 读书的人生是美丽的
52 书香识上海
56 上海打工圆我读书梦
59 辞典与人生
63 感动常在
66 一次热闹而飞扬的书写
69 世界是平的，阅读是立体的
72 书海淘金伴人生

书与城：各地

更悠久的历史，更丰富的传奇……

83 从娃娃书摊到新图书馆

86 书立青山亮小城

89 闲话读书

92 细品书中的平常滋味

96 兰州城隍庙里品淘旧书

99 光阴如笔，城市如书

102 渴望读书的年代

106 阅读：城市生活的一剂安定

110 读万卷书　行万里路

114 苏州是一座书城，我是其中一本书

117 旧书堆里品好书

121 一条河，一本书，一碗面的城市
——梦里的故乡

125 南京，报亭的读书方式

城与书：上海

一座大海般的城市，一本读不完的书

133 东方之虹

136 我的“空中躺椅”

139 一个从乡村到城市的梦

142 万楼城上豁双眸

146 上海故事

149 上海的弄堂

152 吾心安处即吾家

156 有一段岁月叫成长

160 上海，梦幻中的现实

163 寻找上海的感觉

166 此心安处是吾乡
170 城市因书而温柔
173 心中的城
176 穿越黄浦江
180 看了《蜗居》学编剧
183 从“书墙”到蓝森林书屋
——我的图书馆记忆
186 上海，我的母亲城

城与书：各地

每一座城市都蕴含深邃的品格，
每一座城市都值得细细品读

195 大庆白杨
199 一座古老城市的沉潜与喧嚣
203 乡村葡萄城市酒
207 漫卷诗书话古城
212 青果巷的老房子
216 今夜瓜熟，你还来否
219 读南京
223 十年一觉扬州梦
228 小胡同里的大天地
232 海水正蓝
235 体味江南　像鲁迅那样
239 别后东湖付与谁
242 一座城市的故事：读了半生
246 品味天津

253 编后记

序

城市和阅读从来就密不可分。阅读构建着城市的灵魂和生命，塑造着城市的精神和气质，代表着城市的活力和未来。在4月23日“世界读书日”这一天，我们举办世博阅读论坛，来自全球不同城市的各界人士围绕“城市阅读 · 阅读城市”的主题展开精彩的演讲和对话，相信对于凸显“城市，让生活更美好”的世博主题，挖掘城市的文化内涵，提升城市的精神品质将会产生有益的推动作用。

城市是由人构成的，城市的心灵就是人的心灵，城市生活美好首先就是城市中人之心灵美好。个体在城市文化的熏陶和涵养中成长，同时也反过来促进了城市的成长。人们通过文字记载城市历史文脉，通过书籍安置精神家园，通过阅读美好城市的心灵。古今中外，很多人都是通过一部书来认识一座城，譬如，通过维克多 · 雨果的《巴黎圣母院》认识巴黎；通过奥尔罕 · 帕慕克的《伊斯坦布尔：一座城市的记忆》认识伊斯坦布尔；通过张爱玲的《传奇》认识上海。文字和书籍赋予城市永恒的生命。基于此，我们发起“我的城市我的书”征文活动，作为本次世博阅读论坛一个重要的系列活动，面向全国广泛征集与城市、与阅读有关的优秀作品，分享感动人心的阅读故事。

本次征文活动受到全国读者的热情响应，各方来稿络绎不绝。入选征文集的62篇作品，作者来自不同城市、不同年龄、不同职业。作品中的“城”遍及我国东西南北中70多个城市，除上海外，既有北方“油化之都”大庆，也有南方“百岛之市”珠海；既有古代丝绸之路重镇宁夏固原，也有“六朝古都”南京。作者中既有中学生，也有古稀老者；既有大学教授，也有石油工人。他们都以自己独特的不可复制的阅读感悟和生命体验，精彩地诠释了“我的城市我的书”这一主题。其中，有的感怀阅读对个人成长起着积极作用，书籍带来的启迪与快乐，增添生命的感动和精彩；有的从自己的生活经历和视角出发，阅读城市独具特色的风味和情韵，阅读城市的历史、现在和未来；更多的则是将“书”和“城”有机融合，“城”中有“书”，“书”中有“城”，在“城”中寻觅“书”，以“书”来体味“城”，在一篇篇生动感人的讲述中，城市俨然有了鲜活的生命。这些作品风格情态各异，但共同点都是饱含对阅读，对故土，对生活或曾经生活过的城市的热爱和眷恋之情，这让我们深为感动，这不也正是中华民族世世代代传承不息的优秀精神传统么！

这些真挚深情的文字也让我们看到了推动全民阅读工作的基础和信心所在。书香上海，文化上海，我们会继续努力。

向所有参与本次征文活动的作者表示诚挚的感谢。

是为序。

上海市新闻出版局局长

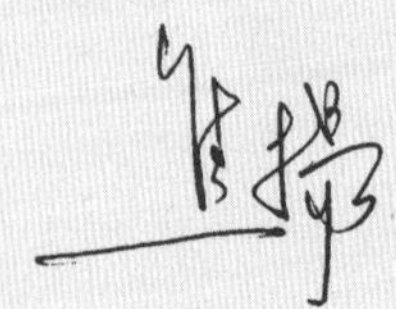

书与城：上海

一个世纪的传奇铸就一座城市的灵魂

温暖人生的一套书

王晨浩（上海）

大概七八岁光景，刚识得几个字，阅读连环画便成了我最大的爱好。说是阅读，其实一半是看图。那时，小镇有一家书店，不大，略显陈旧，也并不亮堂，但有一种朴素与优雅的气氛，这种气氛感染着我，常让我流连忘返。在单调的小镇上，这儿有我的快乐。

上街溜达，我总喜欢往那儿跑，以至来的次数多了，营业员伯伯也认识了我，对我亲切起来，有时还从书架上拿小人书给我看。这时，我就随便蹲在书店的一角，慢慢地，我的思想便进入了小人书的王国……夜幕降临，路灯亮起橘黄的光晕，这时，白天看的故事就会展现在我童年的梦境里……在那里，我买回了许多小人书，几乎花掉了我全部的零用钱，但我一点儿不心疼，用今天的话说，绝对算得上“消费族”。但那会儿没有多少零用钱供你消费，往往买过一本书，总要等待好长时间再买一本。记得有一天书店新上架了一套高尔基的自传体三部曲连环画，炒得很热，我快速买了第一本《童年》，口袋里已没钱。过几天，书架上就没了这套书的踪影。这让我沮丧了好一阵子。那时想长大后在这里当营业员多好啊！后来，我更加努力积攒零用钱并天天等、天天盼着这书能重新上架。终于，在表姐的帮助下，我买齐了另两本书：《在人间》和《我的大学》，也满足了我一时的虚荣心。在我逐渐长大的过程中，可以说买书和读书是我生活的大半部分内容。少年高尔基用铜锅底把月光映到书上看；在生活逼迫下当学徒仍偷偷借书读的情节深深地感动了我，使我在阅读时更感到了无尽的快乐和满足，我的心情犹如早晨的太阳充满了温暖与希望……

从前捧着、梦着、念着，沾着口水翻阅过的连环画今天都丢失了，记忆中的小镇和书店也渐渐远去；城市的繁华和时尚的书城走进了我们的生活，但我时常会想起小时候的“读书生活”和那套“童年三部曲”。如今，这套书已成为教育部指定的中学生课外必读书。一次，我看到女儿在读一本“字书”就轻手轻脚靠近她，她把书一合，正好让我看见了书名：《童年》——啊，多么熟悉的书，多么熟悉的字眼！那会儿，我发觉女儿长大了，我却好像又回到了童年时代。时代发生了变化，同一本书有了不同的版本，各种文化载体也层出不穷，但人们阅读经典的愿望是不变的，阅读的精神是不散的。有一年，我去上海书城淘书，偶然间发现了一套新版的高尔基自传体三部曲连环画，用塑料封面包装的书静静地搁于书架的最下面一格。没想到时隔三十多年竟在这么大的书城遇见我童年时读的书！我惊喜地蹲下身子把它捧住。看着封面上熟悉的人物，我感到十分亲切，仿佛找到了丢失多年的宝贝。我毫不犹豫买下了书，感觉是买下了一段成长的记忆，一段温馨快乐的童年时光。过后，我将买书的事告诉母亲，顺便说起小时候那套书不知丢在哪里了。不料，母亲淡淡地说，那套书一直在以前放鞋的小木箱里哩。听到母亲的话，我又意外又欣喜——原来几十年来它一直在暗中陪伴着我，一直温暖着我的人生！我急忙掀开木箱盖子，果然，在一堆杂物间发现了它——用细线扎在一起的三本书。我好像忽然遇见了旧友，仔细端详它的面容：第一本的封面已经没了；第二本上工整而幼稚地写着我的名字；翻过去，在第三本的封底我看到了出版年份：1972 年……

我把新旧两套书叠放在一起，恍惚间，仿佛叠起了两个时代。每个时代都在告诉我：阅读给我快乐，阅读伴我成长，阅读使我进步。想起近年来自己的文章、歌词能在网络征文征歌活动中获奖，也许就是平时比较注重阅读的结果。我想，一个平凡人的生活里只要能阅读，在阅读，那么在这个世界上至少有一个地方能使他感到温暖和幸福。我将一如既往阅读下去。

走进图书馆，然后……

王泽清（上海）

思想饿了，灵感枯竭了，跋涉人生的双腿乏力了怎么办？去图书馆找几本有针对性的书来读吧，书中有你所需要的精神食粮。

但是我们不能仅仅做一条书虫，哪怕是世界上最大的书虫也是毫无意义的。我们还要从书中走出来，走向外面的世界，以使书中的营养化为我们认识世界和建设世界的动力……

那天，我从学校图书馆借来有关抗日战争的书，书中的战火和硝烟，让我又一次感受到我们中华民族的浩然正气和世界反法西斯的正义力量。须臾，走在街上，猛抬头看到某建筑物上陈香梅的题字，不禁心潮逐浪。

抗战时期，美国“飞虎队”援我之事多年来一直为我们所乐道。飞虎队的队长叫陈纳德，而当年采访陈纳德的我国年轻女记者陈香梅后来成了陈纳德的妻子。

想曾经那硝烟、战鹰和纤笔，看现在这刚劲而俊秀的手迹，又忆起改革开放不久陈香梅女士还受到邓小平接见这一段漫长的中美交往的佳话，我悟到：历史的曲折是暂时的,而世界的和谐将是最终的。后来在教《驳亡国论》(毛泽东《论持久战》中的节选）这一篇课文时我把我的这个认识融入到教学中，自觉教出了相当的境界。哦，图书馆让我吃精神的面包，而走出图书馆后这精神面包中的营养则让我的思想和工作都更上了一层楼。

那天，我借了世界各国首脑传记的书。看到美国总统罗斯福的名言：“不做总统，就做广告人。”因烦于广告，正嘀咕罗总统怎么说出这样荒唐的话来，一条广告语飘然入耳：“苦苦的追求，甜甜的享受。”心中便怦然一动：说得多有哲理啊！就普通电视观众而言，如果说广告是硌人的沙子甚至是祸害人的沙尘暴，那么吹尽黄沙以后，有心人于其中也是会见到金子的。不是这样的吗？如前面的那一条，再如：“心好，一切都好。”再如：“民以食为天，我以食为民。”再如：“没有最好，只有更好。”

曾在书上看到过这样一句话：世界上没有垃圾，只有放错了地方资源。我们完全可以以此来类比广告。以前烦心的东西，放在这一个思考环境中看，至少这几条完全可以做座右铭。舒一口气，抬眼望向远方……感谢学校的图书馆，感谢图书馆借给我这一本书，让我从以前烦心的东西中得到哲理的启迪。我不可能做美国的总统，也不可能做广告人。我热爱自己的教师职业。不过我想把罗斯福的名言改一下，改成："不做教师，就去图书馆工作。"我知道，毛泽东在图书馆工作过，陈景润也在图书馆工作过……而他们走出图书馆后，最终都成了时代的巨人。

后来，在图书馆，我又读到邓稼先同志为国防科技事业做出巨大贡献的文字，张爱萍将军称他为"两弹元勋"。走出图书馆，来到塔城路上，我看到了张将军题写的"汇龙潭"匾额。神游物外，汇龙潭边上的我，感到张将军和邓稼先就在我的身旁。在图书馆，我找到《论语》的多种版本，去嘉定博物馆边上的孔子广场，觉得似穿越了时空隧道，孔子塑像活起来了，他正对我说"学而时习之……"。在图书馆，我读上海史，看百年上海发展的音像资料，这更让我感受到上海近时和今天的辉煌。走出图书馆上沪嘉高速公路，再驰高架、进地铁、乘轻轨，一路浏览欣赏，然后回忆东方男篮主场的搏斗和上体场跨栏赛道上飞奔的身影。看着，想着，我对上海那"姚明的高度"和"刘翔的速度"说法有了更感性和具体的认识。

"书中自有黄金屋……"的时代早已过去。今天，让我们走进图书馆去汲取精神的营养、寻找智慧的钥匙、攀登知识的台阶，然后走向可施展你才华的那一片领域，再走向九州，走向四海，去尽情地释放你的能量，去创造一个灿烂的人生、和谐的社会和更美好的未来吧。

吾辈自是爱书人

吕栋（上海）

相册里夹着一张1980年左右的彩色照片。当时外公外婆带着年幼的我摆渡、坐电车去一家新华书店买书。我手拿着刚买到的宝贝新书立在店门前，被路过的外宾用“拍立得”相机（无论外宾，还是那种即拍即得、一次成像的照片，当年在我眼中都是稀罕的）拍下几张照片，相册里的这张就是当时送给我的。

后来我曾揣测过拍摄者的动机：可能是一个身着小西装，胸前插手绢的海派男孩，让他看到了几分中国开放的端倪；也可能是外公教我的简单英语应答让他生出些许好奇……但我更能肯定的是，一个让孩子爱上阅读的城市，必定有其动人之处可入镜头。

自小与书结缘，外公是我儿时的读书引路人。外公受过旧学和西学熏陶，西医科毕业，通英法文，是上海的老一辈知识分子。我五六岁起，他就让我记诵古诗文，给我看古典小说，要我背《汉语成语词典》，教我学《Follow me》和他自编的英文教材，还给我订过多年《少年科学画报》。每个儿童节，都是从外公手中收获新书的日子。偏偏我生性也爱书，因此如鱼得水，读书既多且杂，待到成年之后，看书搜书也如幼时一般地贪多务得。

上海是一个容易买到好书的地方，这很大程度上纵容了如我这般的爱书人。淘书自有其乐趣，吾辈于书中觅宝所投入的贪心与耐心，毫不亚于上海女士们追赶时尚的“血拼”劲头。且不论中外今古、专业行当，只要是感兴趣、有内容的书，都会被我纳入网罗的范围。上海的各大书城、文庙市场，还有旧书店，我都爱去，新书固然诱人，旧书也富有魅力，几家老牌书局、出版社的旧版本书籍中，不乏表里俱佳的精品，值得品评，也值得收藏。

宁可食无肉，不可居无书。结婚时，我对新房装修没有特别的讲究，就是要求辟一个书房，再做一个顶天立地、占满整面墙壁的书橱。家中的众多藏书我都爱护备至，生怕损坏丢失。清人曾言：为书忧蠹者，有菩萨心肠。我不敢自称有菩萨心肠，但自信有股爱书之气从骨骼里透出来，滋润面貌，流于眼底。这就算是种爱物癖，也是较为无害的一种吧？妻子曾问我可曾看尽这许多书，我答曰：不曾，不过书置于自家书架上，至少物权在我，时时唤起我遍览它们的向往，也多少能满足一个“书虫”的小小虚荣吧？

世人谈读书，一般容易分两种境界：一种谓出世，求精神；一种谓入世，重功用。出世求精神，固然是清净修身的法门，但若仅仅以读书来助你远遁尘嚣，超脱凡俗，也似有故鸣清高之嫌：因为即便是出自书香门第者，也终究丢不开衣饭生涯。“书中自有黄金屋”，“学以致用”，古人读书，也不是一点不讲功利的。拿自己为例，专业学的是英语，职业也与英语相关，我记不清读过多少本英语书，翻过多少本英语词典，究竟是哪些书提升了我的境界和素养，哪些书强化了我的语言技能，哪些书给了我应对具体事务的指导？这实在是分不清的。细想来，对于如今的读者而言，读书的目的与作用，又岂是简单的出世与入世两端所能剖判？大都是交融难分，并行不悖的。“开卷有益”总归是至理。身处时代潮头的上海人，读书也自有海派的风味：当阅读成为上海人的习惯，海派读书的境界自然是海纳百川，兼收并蓄，既不忘汲习传统，内观自修，也更注重放眼世界，服务社会。

一个人的爱好与志趣，会浮现在他的书房里、书架上。一座城市的格调与品位也是如此。现在去上海各大书店里看看，书香馨然，品类繁多，教人目迷五色，徜徉其间的异国读者也不时可见。这不正呈现着这座大都市的文化地位？再低头看那张儿时的旧照片时，也不禁心生感叹：那个我依稀仍是我，上海却已不复当年旧貌了，而我此生与上海，自有未尽未了的书缘。

久读诗书享诗意

朱珊珊（上海）

书里散着墨香，浸湿着生活中的万般情绪；书中飘着茶香，弥漫着生活中的千般情趣。阅读是一种欣赏、理解的过程，又是思想升华的过程；阅读可陶冶人的情操，启迪人的心智，医治愚昧。用作家贾平凹的话来说：读书的最大好处在于“寂寞时不寂寞，孤单时不孤单，绝权欲，弃浮华，潇洒达观，于嚣烦尘世而自尊自重自强自立，不卑不畏不俗不谄”。

我从小就喜欢中华传统诗词，简直就像一棵小草遇到甘露一般。从儿时爱读《古文观止》、唐诗宋词等古典诗文的童心蒙眬，到初中阶段对古今中外文学名著的如痴如醉；从“文革”前如饥似渴地阅读诗集《回延安》、《雷锋之歌》、《将军三部曲》、《赤泥岭》、《矿山锣鼓》、《萌芽诗选》，到党的十一届三中全会以后出版的《中国当代诗歌精品》、《朗诵诗选》、《艾青诗选》、《中国豪情》以及《诗刊》、《人民文学》、《人民日报》等报刊上的新诗。读诗书，我感到身心美好，也会觉得力量倍增。因为，只有阅到深处，才能看见快乐的浪花在茫茫书海盛开，也常常有蓦然回首的惊叹。

诗书是我之友，朋友如我诗书。一卷在手，如与诗友共语；诗书有多少种，朋友就有多少类。有的只有短短几句，有的却洋洋洒洒；有的是精装书，有的是袖珍本；有的教我生活，有的教我做人；有的使我悟出了人生真谛，有的将我引向了文学殿堂；有的让我热泪盈眶，有的让我茅塞顿开；有的让我自强不息，有的让我与时俱进……真是生活离不开朋友，更离不开书本。

诗书是我的良师益友，它给了我人生的方向和目标，生活的信念和希冀；它带我走进了文学的世界，从此与诗为伍，徜徉在诗的海洋，用文字记录生命中的点点滴滴，生活也便增添了许多的精彩与感动。尽管读书写诗，带来孤寂和清苦，但我，伏案沉思，乐此不疲，无憾无悔，称心满意。在内心浮躁不安的夜晚，我会在书桌前坐下，推开桌前高高的窗子，吹着风，这时的清新让人通体凉爽，妙不可言。读诗书，使我的精神生活感到挺有意思，让不少从生活的土壤和源泉中引发的无限遐想，以自己独特的情趣与思绪，构成诗歌意境的独特韵味，陆续见诸全国各地的报刊上。如今，我已发表诗作千首，文章数百篇，作品三十多次在全国、上海市和铁道部获奖，并收入四十多种选本。是读书，使我心生诗意，撑开无边无际的空间和想象，生命始终在词语间行走，灵魂总是随诗行的飞翔而燃烧。这些都是诗书对我人生之路的影响。

诗书一直滋养着我的心灵，让我感觉自己生活的城市也充满诗意，仿佛也是一本永远读不够的书。

我居住的彭浦新村地区，常住人口达三十多万。初建时，“房不成排、路不成行、街不成市”，满目皆是农田、墓地、臭水浜、野草丛生；而现在，交通便捷，四通八达，有54条公交线路通往市区、市郊的各个方向，地铁一号线直达宝钢、莘庄。在三泉、彭浦和岭南公园，穿得花花绿绿的中老年朋友随着音乐节奏舞动着，三五成群的爱好者体验着放飞风筝的美妙感受；而广场上的年轻人也在练轮滑或者跳街舞，到处荡漾着芬芳四溢的人文气息和盛世欢歌。昔日被农田包围的“村庄里的都市”，变成了适宜居住的现代化城区，成为镶嵌在上海闸北区北部的一颗精美的明珠。而我，就在这充满诗意的家园里歌咏、吟唱、泼墨，尽享风雅。我觉得，彭浦新村本身就是一首诗。这里，每一个从眼光中流露出来的微笑，每一声亲切和温馨的问候都有诗情画意。

是啊，“山不在高，有仙则名；水不在深，有龙则灵”。一个钢筋水泥林立的城市要有品位、有知名度，就要多彩、宜居、和谐、充满诗意。如今，上海这座个性化的国际大都市已经在我们身边崛起，那日新月异的城市建设和南京路不眠的霓虹灯，那游龙戏水的隧道、踩波踏浪的长虹，不都是妩媚深情、雍容大气和蓬勃昂扬的诗句吗？不正是传统诗词中的美丽意境吗？这让我一下子感受到了李白的

飘逸、杜甫的厚重、陶渊明的洒脱、李清照的婉约……我相信这将是跟随我一生的财富。

上海深知，人们来大都市是为了生活得更美好。所以，这里以人为本，以民为先，重视文化点染，向诗意靠近。我认为，这是因为上海的诱惑。你想，有超过2000万的人口选择在上海居留，今年又将有7000多万人次到上海参观2010年世博会，就显示了这座城市内在蓬勃的活力，上海的诱惑确实是做强做大了。我们不仅生活得和谐美好，也要让全世界分享中国的喜悦！久读诗书享诗意，我感到无比的温暖与充实。

我以读诗书的方式深入彭浦新村这个社区，我不仅爱上了彭浦新村，更希望能够在这里诗意地栖居，诗意地生活。我相信，社区本身就是一首最美的诗，无论你会不会写诗，都可以选择诗意地栖居，把快乐的生活过成真切、细腻与柔软的诗，去深深地感动无数的人。

诗书是我之友。只要人类不灭，诗歌的花朵便会尽情地开放在美好的人间。一生中我很少感到像现在这样拥有现实的生活世界和浪漫的精神世界的幸福，拥有充实的日月和书香的生活的微笑。

廿载书缘浦江情

匡志强（上海）

我自幼喜欢读书。一直以来，读书都是我最喜欢的消闲方式。也许正是这种对书的癖好，让我不仅选择了一个与书打交道的职业，也使我在两度与上海结缘后，最终落户申城，成为众多“新上海人”中的一员。

第一次从家乡来到上海，是在 20 世纪 80 年代中期。那是一个渴望知识、崇尚学问的年代，多少先哲世贤的思想，通过图书迅速被无数学子如饥似渴地吸收。我虽然是一名理科学生，也身不由己地被卷入这场思想启蒙浪潮之中。还记得周国平的一本《尼采：在世纪的转折点上》，在上海人民出版社出版后，顿时洛阳纸贵，风靡一时，短短数月即重印多次。书中对个人价值的张扬，震撼了无数青年学子的心灵。还有上海文化出版社的《五角丛书》，都是薄薄的小册子，内容却包罗万象，每册5角的定价，更是让囊中羞涩的我欣喜不已。我到现在还收藏着丛书里的一本由曹明华写的《一个女大学生的手记》，书里有两句看似矛盾却富含哲理的话："外面的世界很大很大，心的世界很小很小"，"外面的世界很小很小，心的世界很大很大"，让我至今仍记忆犹新。

那个时期给我留下深刻印象的书，还有许多数理方面的专业书。上海科技出版社推出的《费曼物理学讲义》，让我第一次知道科学家的著作居然也能够如此引人入胜。有趣的是，这套三卷本的图书，最后一卷居然与前两卷相隔数年，以至于苦觅不果的我差点放弃了购买全套书的计划。还有一本是美国数学家柯朗的《数学是什么》。当时国内还没有什么版权意识，所以同时有好几家出版社推出了中译本。记得当时我在书店里比较了很久，发现湖南教育出版社的译本只要2元出头，科学出版社的译本定价却高达6元多，而内容上居然是前者更胜。这种定价和内容上的差异，使我第一次注意到了出版社对于图书的影响。

时光荏苒。十年后，当我在另外一个城市再度面临就业的选择时，不知是命运的安排，还是偶然的意动，我再次选择了上海。而脑海里对图书的美好记忆，更是牵引我走进了出版业，开始了与书为伍的生活。

一晃，又是十年过去了。在我的脑海里，留下了许多与书有关的酸甜苦辣，也留下了许多关于上海、关于图书的难忘记忆——

难忘那一年一度的上海图书节。在这个属于上海人自己的“书的节日”里，上海市民对书的热情每每让我惊叹不已。记得有一年图书节请来易中天为读者签售，结果连上海展览中心大厅那厚厚的大门都被挤坏了。每次看到读者用手提篮甚至小推车在会场上选购图书的时候，那种身为出版人的自豪实在是难以言表。

难忘在书海徜徉时发现好书的激动。在上海书城，在有着上海“文化地标”美称的季风书园，在那些大学周边的学术书店，在那些幽深小巷里的二手书店，曾留下了我多少难忘的回忆。家中书架上一本本图书扉页上的题记，记录了我多少次与书的惊喜邂逅。

难忘自己的付出得到读者认可的喜悦。十年出版生涯，百多本图书,既是我工作的结晶,也凝聚了我对上海这个“第二故乡”的一片深情……

廿载书缘，情系浦江。是图书，让我与上海这座城市结缘；是上海，让我与图书情定一生。

我的城市，我的书

李天靖（上海）

谁的手垒起第一块石头，在她抵达的高度上，矗立过显赫；由一条母亲的江给予百年的恩泽——一代代人的灵性、智慧与力量，注入她蓬勃的血液。而今，让所有的人惊异于巍峨、瑰丽——石头的方阵奇迹般崛起一座年轻的城；也惊讶于《海上诗坛六十家》于2006年5月由上海文化出版社出版。

“这是一本不同寻常的选本。它以海纳百川的胸怀及更敏锐的眼光选定建国以来活跃于不同时期诗坛的上海诗人，兼容不同风格不同流派的诗歌作品。”著名诗人叶延滨还说："这是上海诗界乃至全国诗坛的一件盛事。从这个意义上说，这是上海解放五十余年有重大意义的诗歌结集。"

我作为主编之一，感到十分欣慰。这本书从2004年由诗人朱金晨策划起，就开始组稿选稿，排版校对以及各方筹措资金，一直到出版，两年多来遇到的种种艰难令人感慨系之，要感谢诸多诗人的古道热肠和鼎力相助，肩承他们的信任和期望，不敢有丝毫懈怠，只能迎难而上。只是想实现诗人们多年来想真正出版一本上海诗人合集的梦想，这个梦想终于实现了。

这本诗集的出版只为完成两件事。

其一，为流传上海无诗的说法正名。上海作为一座商业十分发达的国际大都市，特别在强悍的经济大潮的荡涤之下，人们对物欲的迷恋与追逐与日俱增，精神的缺失以致文学刊物的一蹶不振，诗歌迅速地边缘化，上海被人认为是无诗的城市。但这本诗集的出版使这种误传不攻自破。《海上诗坛六十家》厚重的上下卷，雄辩证明了上海不但有诗，而且可见许多优秀的诗作。上海长期以来没有一本专业性的诗歌刊物，客观上使得上海众多的诗人作品不易见诸于报刊，但上海诗人们忍受寂寞，默默地创作了大量的诗歌作品，且愈挫愈奋，在困厄中见其精神，坚守着诗歌这块精神的净土，彰显出卓尔不群的思想锋芒。他们这种执著追求更显得可贵!

其二，这本诗集无愧于上海曾是中国现代诗策源地之一的地位。谢冕先生为《海上诗坛六十家》作序说："在新时期的诗歌创作中，上海的诗人提出了城市诗的主张，并有着非常突出的实践，上海诗人在促进中国现代诗的创新和探索方面，也是为世人瞩目。中国许多杰出的诗人，他们以上海为立足点，又从上海把诗歌的种子带向远方，戴望舒和纪弦都是这样的人。《海上诗坛六十家》的编辑出版，显示了当今上海的诗歌创作的实力，它是一次大聚会，也是一次大展示。这声音发自他们已经获得自由的心灵，展示了他们艺术的个性和诗歌的梦想。”

人们会惊讶于这些诗歌，给人精神震慑的力量：

因爱和被爱而如同山雀一般地欢唱；／痛苦莫过如此了，／必须用自己的手去掐断自己的歌喉。

——白桦《叹息也有回声》

我无所不窃／除却火——有人已经先我而行——在高加索。

——黎焕颐《我无所不窃》

这里有一个诗人来过／恋人们悄声吟哦——在黑暗中／你的眼睛在我面前亮着

——赵丽宏《有过普希金铜像的花园》

山河收留了它的羽毛和血肉，蓝天拥抱了它不灭的魂灵！

——宫玺《最后的飞翔》

人们会感动于诗人对这个城市无限的爱与眷恋：

即便你哪天不爱我／我还是爱你的／不然世上就不存在痛楚的／无望的爱了

——张烨《外白渡桥》

在整个潮湿之夜它都亮着／整个夜晚／它只在我的视线里

——徐芳《白玉兰》

走进老街醺然的幽谧／屋檐下挂着紫色的风铃
幽幽的是你注满泪水的瞳仁

——孙悦《童谣》

诗歌在上海这个高楼林立的国际大都市，似乎已微不足道，但它却是这个城市花园天空上精神的常春藤与盛开的鲜花，是刹那间击中心灵的星光。

诗人们滤去习以为常地生活表象，用心灵的眼睛去发现这个城市的美——那是要用怎样的激情和挚爱——像异乡人一样打量这个陌生的城市，惊讶她每一瞬间的丰采，而落笔为诗。

《海上诗坛六十家》是上海这座城市的书，是每一个上海人的书；是诗人为这个生于斯、长于斯的城市奉献的礼物——为更诗意地栖居，捧出的一颗颗灼热的“诗心”。

书友常交往　书香驻城市

陈康瑜（上海）

学生时就喜欢看书，那时书友是同学。不过，所谓书友只是相互间交换书册，能多阅读几本书而已。参加工作后仍然爱看书，有此爱好的同事成了新的书友，除了互相交换书册阅读外，还能彼此间交流读后感心得之类。随着年岁的增添以及工作单位的多次调动，我的书友换了一茬又一茬，但终于有了几位"铁杆"书友成了我的知己好友。

书友在一起，自然会有说不完的话题。因此我们常常相聚，介绍文坛的新作，点评名人佳作，当然少不了把自己的习作求教书友。温馨的小屋里，杯杯香茗飘着热气，

大家争相发言，有时竟争得面红耳赤。我最喜欢这样的氛围了，“澹然离言说，悟悦心自足”。就在争争执执中，彼此都有所感悟，有所记取。若遇春雨潇潇，秋雨绵绵，大家兴致高涨，说不定会当场命题，每人写上一段小文，填词写诗也可，尽管写得不怎么样，但毕竟是自己的创作，相互十分珍爱，字字句句都推敲一番。“向来吟秀句，不觉已鸣鸦”，忘记了时辰，闹到了半夜时分。书友间若有作品见报，一定会收到许多的祝贺电话。当然有时聚会，也有不赏心的，那是自己兴冲冲将新作给书友看后，却被“冷遇”，只得感叹“欲取鸣弹琴，恨无知音赏”了。但彼此不会数落，永远是真诚的好朋友。就这以书为友，以书为伴，我走过了大半辈子。

到了退休的年龄，离开了单位，回归到社区。一天，街道图书馆馆长对我说："参加我们的书友会吧，再为社区文化这块热土作点小贡献。"我答应了，于是二十位从未谋面的书友又成了我的新伙伴，我还被他们推选为会长。我很荣幸地结识了他们。在大家相互交流了过去的作品后，我感到很兴奋，因为这些书友都是我的新老师，他们间有不少作品曾见诸于《文汇报》、《新民晚报》。每篇文章都有精巧的构思和娴熟的笔法，真可谓"毫端蕴秀，口角噙香"，我从新书友那里真的学到了不少东西。

转眼间我退休八年了，我们这群老年书友也找到了"终身学习、娱乐自我、服务社区"新的定位，值得我们自豪的是，我们这个小小的街道图书馆书友会因读书不辍，笔耕不止，在 2005 年竟获得上海市振兴中华读书活动"优秀读书组织"奖，更有令人羡慕的是，国内最具书卷气的"书香人家"——上海古籍出版社竟也走下高门槛，热情与我们结缘，为我们设计了古典文学下社区系列讲座，目前已开讲了"三字经"、"唐诗三百首"、"宋词选"。正是"旧时王谢堂前燕，飞入寻常百姓家"。让我们浸沉在古色古香的愉悦中。

我想：只要生命不息，读书就不应该中断，尤其是我们这个和谐社会，我们上海这座不断精进的大城市。

用一本书安放我对上海的记忆和感情

周佩红（上海）

我上中学时对地图——确切说是上海地图——发生兴趣。我在地图上找出自己所住的南京西路街区，看到它与常德路、铜仁路相通，那些路又通往更多的路，路与路最终连成纵横交错的网。这就是上海，我为之兴奋，决定把这些路一一走通。在初中的第一个暑假，我怀揣一张上海地图，妄想走遍整个上海。但我最终迷了路，只能乱走乱看。上海在我眼中恍若迷宫，既有高楼大厦，又有低矮棚屋，小弄堂和大马路上的人也各不相同。仿佛，我是通过走路，乱走乱看，来认识自己身处的上海的。但那时我看到的只是表面，满足的只是自己幼稚的好奇心。之后很多年过去，这些年中，中国发生了很多事，上海也发生了很多事，我则从一个中学生成为经历、目睹了很多事的中年人，而且即将老去。我住过上海的好几个区，仿佛也在一直走着，中途只离开过上海几年。我终于见识到上海的更多，我及我的亲人、同学、朋友、邻居生活过的地方，那些路，那些房屋，那些角落，那些脚印和轨迹（它们蜿蜒、交叉，正如同命运的蜿蜒、交叉），尤其那些发生在其间的悲伤和欢悦的故事——它们既属于个体，又与整个城市的历史和发展息息相关。在地图上找不到它们的影子，它们漂浮于特定的地点，并随时间的推移而渐渐沉落在地表之下。在我眼中，这就是一幅隐形的上海地图。每当我走过那些地点，内心就因爱或痛而不由自主地产生痉挛。这地图在我心里挥之不去。

我相信每个有阅历的上海市民，都会有这样一幅私人地图，只不过有的清晰，有的蒙眬。若把它们拼凑起来，说不定还能看到一部有声有色的上海城市演变史。这样的地图，是否会被时间揉得模糊，甚至被覆盖或者格式化？我有这样的担心。而一座城市是不能只有表面的，即使那表面日益光鲜和现代化。这成为我写《上海私人地图》这本书的动力。

写书之前，我曾去到欧洲的一些城市，巴黎，汉堡，柏林，斯德哥尔摩……但我不满足于做一个浮光掠影的观光客，却又无法知晓那些陌生城市里具体的人的命运、情感，无法看到那深度、立体的城市。在我看来，勃兰登堡的历史传奇，和几个当代柏林普通市民家庭的悲欢离合，在重

量上并无不等，但后者对于我更为难得。缺少那么一个能从心灵、情感、记忆的层面领引我进入一座城市真实具体个别地点的文字导游，我只得止步于欧洲的门前。带着这遗憾我回到上海，觉得，是时候着手书写《上海私人地图》了。——在书写的过程中，我不可避免地产生这样的妄想：为对上海有兴趣的人，做一个心灵、情感、记忆层面的文字导游。

但事实上此书的写作，只是让我心里拥挤多年的记忆和情感，有了一次集中宣泄的机会，如同体内那些壅塞已久的血管得到一次疏通。那些我所熟悉的不同时代、年龄、性别的普通上海人的生命轨迹，人性的灰尘和无奈，微小但可贵的爱、希望、梦想的生长，及其折损、消亡的过程，比一座楼房的崛起或损毁更重要，也更令人感慨。城市的基础，应该建筑在那最柔软活跃的血肉之上，而不是一堆无生命的砖石之上。上海的丰富和坚韧，是离不开无数普通上海人的精神之光的。

书结尾时，我的心已趋于宁静、明朗——我把最沉重的部分尽量放在开头写掉，之后我的行走就平稳多了。我想到那些未写入书中的上海景象，譬如，我走熟了的路：淮海路——一路上漂亮老房子看不完，而上海图书馆镶嵌其中，一点也不觉突兀，仿佛历史不曾冲撞了现实，现实也需要历史的支撑；虹桥路——两旁的新楼，明珠线轻轨，高架桥，汽车就像朝楼的城池开去；高架路——等于是在一座座高楼间穿行；北上的轻轨——底下一大片正在改造的工业区和工人住宅区，杂陈的新楼和旧房，让人惊叹它无穷的潜力和可能……这是上海，是我无论从哪里归来，总是最急于降落、最感亲切和熟悉的地方，而它还在一路向前。书写一座城市也许永远赶不上这城市本身的发展，我不仅不为之遗憾，而且感到欣慰——还会有新的上海记忆、新的上海私人地图诞生。一定的。

阅读让我们更美好

宓重行（上海）

上海世博在即，百年前就有“书”预言其盛，因此我们可以推论：有朝一日“世界图书博览会”应该在这个国际大都市举办。但那时的口号又会是什么呢？

愚钝似我辈听说读书人离开了书会“面目可憎”，那是叫“整容”也束手无策的事，所以一向拒绝“阅读已成奢侈”、“进入读图时代”之类的“新论”。而且坚信：随着物质的丰盈，阅读将成为我们的精神特质，而将“读书”可笑地解释为“读教科书”，终将成为以往。

十余年前，我一家三代四口挤在二十多平方米的“石库门”旧宅内，渴欲“读书”而不能。课余尚可“赖”在办公室翻几页书，入晚就只能“蜗居”在无法站直的阁楼上（友朋谑称其为“躬斋”）读书写字了。自然，彼时四邻的歌哭笑骂声声入耳，自家的柴米油盐也事事关心，如此，遑论读书，连写教案、改作业都成了“问题”。乃于天井一隅搭起“违章建筑”。白天它是妻子备餐的厨房，一到晚间我就躲进小“室”自成一统，在煤气罐旁其乐融融地读写不辍，犹感妙不可言。虽不求甚解，亦时有所获，凡有体悟，每喜执笔，遂殃及枣梨，发表了数百篇千字短文，后凑成一集，循贱号题为《行行重行行》正式出版。不料费孝通先生同名文集嗣后闪亮面世，友朋群起笑责，方知自己浅薄。但窃以为书生一介、诗意追求，何论高低，费老知之当亦“诗意”颔首，必不罪我！

随着城市发展，我渐渐不甘迂回于“违建”和“躬斋”之间：我的“精神诗意”渐向“物质诗意”异化。为“动迁”大潮裹挟，我与妻选址、看房、借贷、装修，终于有了比邻公园、开窗见绿的两室两厅新居。白天有丝竹飘然入室，晨昏有鸟鸣不绝于耳。在阳台上持卷品茗，听风起风止，望云卷云舒，胜却仙境无数。最喜人者，莫过于客厅中落地书架连成一排的“书墙”。古今中外，新宠旧爱，婷婷玉立，岂不快哉！忆昔蛰居陋室时，书刊卷帙，毋论珍善，一律堆叠， 如今，书与主人各得其所，其又一快矣！

然读书一事，独乐不如众乐，小乐不如大乐。课堂上，作为效命应试的教员，只能无奈“肢解”名作、规定“答案”，课余作为读书一员，则可兴之所至、见缝插针宣介读书之乐。我不甘马齿徒增，带领教师学生编报办刊，应征

写作。并不遗余力纠集二十多所学校同好办起刊名曰《我们》的读写季刊，意在纠课堂之偏、补教学之短，实践心向往之的读书理念。由于“我们”只重理想、不求营利，《我们》渐为师生喜爱，一时发行竟逾两万。尤以每年度的免费笔会，遍请名师大家辅导讲学，更博师生欢欣。一期“走进鲁迅特辑”因蒙诸多学者、专家（有钱理群、陈思和、王锡荣、陈福康、商友敬等先生）赐稿而深受热捧，引起媒体关注。“我们”也因追求真正的读书，走出学校围墙。依仗“我们”来到大街小巷，融进万家灯火，和众多读者一起品味馥郁书香。“我们”一旦跨出书斋，就欣喜地发现了可作可为的新天地。

旧诗云：古人不见今时月，今月曾经照古人。有时，我会抛卷临窗，昂首星空而遐思：鲁迅和诸多在这个城市栖身过的作家已经给我们留下了厚重的遗产，或许在一条普通的街道上还隐印着他们的屐痕，那么我们除了欢呼这座城市正在增添中的、无数美轮美奂的建筑之外，还应该怎样呢？或许读书、读人、读城市、读社会更是可取的！

诚然，“城市，让生活更美好”！到了“书博会”那天，是否可以这样说：“阅读，让我们更美好”呢？

是为愿！

追随心底的渴求读书

沈蕾（上海）

很多时候，被要求读书。

更多时候，读书，是因为心底有渴求，渴求解答、渴求共鸣、渴求汲取能量得到成长……

小时候，书籍并不丰富，在课本之外，喜欢《少年文艺》。长江天堑，隔绝了城市的信息和气息，崇明岛，尽管也在上海市的版图上，但感觉离城市很遥远。而那册《少年文艺》，却有着很多都市的元素和细节，很多葱茏的岁月和心情，读着故事里的大都市和同龄人，在心底憧憬宽广的天地和美好的明天。

初三学期末，因为直升考试的提前完成，突然多了很多阅读的时间。《傲慢与偏见》、《复活》、《安娜·卡列尼娜》……同学贡献出来的书，在我，之前都是只闻其名。当真切触摸到这些书的厚度时，几乎迫不及待收入囊中，恨不得一目十行，然后继续更新已读书目。其实，现在想来，很多可能食不知味，只是那时深切感觉自己的贫乏，于是热切地投入到阅读的行列，期待腹有诗书气自华。

高中时参加一个类似“读书会”的学生社团，在老师的辅导下读书，那时对《文化苦旅》的阅读和探讨成为课外最浓厚的乐趣所在。做了很多读书笔记，写了很多读后感悟，在课堂上朗诵其中的精彩片段，在校园报结集刊出读书专版，这些写和读，都自发而全情，我在这样的阅读过程中，第一次感到心里的声音直接流诸笔端的快乐。

大学，不只丰富了我的读书目录，也在纯粹的阅读中延伸出不同的意义。因为阅读，认识了许多喜欢读书的朋友。会交换阅读，和远方的朋友、近边的同学，一借一还之间，朋友不曾疏离，原本疏离的同学倒成了朋友。会交换心得，不同立场和经历的看书感受，一经碰撞往往火花四溅，这些火花成为我多份情谊的起始。因为阅读，不断整理和拓展自己的思想。因缘际会参与这个城市一个报刊青少年热线的回信和撰稿，于是，阅读成了不能够也不愿意间断的功课，我从书本中吸收养料和能量，又在写信和撰文中完成思考获得成长。那是一段对我影响至深的经历，感觉自己在这份美丽的工作中吸收和接纳、反省和思考，努力破茧梦想化蝶。

相对于大学阅读的面广量多，工作以后的读书只是星星点点。那年夏天，已经有了女儿，在和幼女的温存中翻看《绿山墙的安妮》，一边沉浸于安妮的纯净和美好，一边期待把书本推荐给长大后的女儿，然后和女儿一起交流读书心得。看了两遍《小王子》，其中的简单和睿智让我向往，工作和生活往往会在不经意中向复杂倾斜，彼时心里会跳出那个可爱的小王子，让我回归简约和宁静。

又是一个因缘际会的经历，2009 年参加了心理咨询师的培训课程。那于我是一方向往了很久但从未接触过的天地，七个月时间，几乎每个双休日，都在跟随风格迥异的心理学老师进行心理阅读。这次阅读，是很多年前对心理学怦然心动后的一个正式回应，也让我在工作瓶颈期重新拾起读书的兴致和习惯。由此，心理学课程结束之后，继续读书的热诚，李子勋的《亲子关系 36 讲》、《问问李子勋》，毕淑敏的《心灵游戏》，在他们柔和而又专业的解答中，我的一些情绪被温暖烫平，一些困惑被疏导释然，一些游离被召唤回归。

某堂心理学课上，做房树人的测试，潜意识里显示我心里住着一个小孩。朋友说，可能每个人心里都有个小孩。而我，渴望成长，所以追随心底的渴求，一路阅读。

读书的人生是美丽的

张俊兴（上海）

我从部队转业时，托运回七只大木箱。那天，搬运工呼哧呼哧把木箱扛上楼说，这箱子比死猪还沉，里边装的什么东西？我在家门口整理东西，邻居家的孩子就围拢来。见我撬开一只只箱子，原来里边全是书籍。

人家买回珍贵药材、土特产，而我却是当时不值钱的书，旁人看来是不是冒傻气？可哪里知道，我是或通宵排队，或托关系，或外地出差买来的。相对而言，回上海以后，买书到底方便了。单位在外滩，四点半下班，而福州路的书店五点半关门，几乎天天溜书店。我割舍了其他爱好，缩衣节食，但还是苦于囊中羞涩。有些套书，我是长计划、短安排，花了好几年时间才配齐。后来，我只好跑古旧书店和特价书店，甚至文庙、街头书摊。

这样不断的买进来，加上转业带回来的，书在房间里就像潮水般漫过来，除了连体书橱外，书桌、床、沙发，凡是能用的空间几乎全被书籍占满了，要查个资料找本书好似大海捞针，弄得满头大汗还是徒劳。书又容易产生灰尘。因此，我就梦想在一个独立的书房里阅读，痴情坐拥书城的感觉。市区房价高，我就去市郊挑房，上万册藏书终于有了安身之所。

人对于某一方面的兴趣爱好，总是有他的情结。我感觉优秀的书籍就像路标一样，引导青少年时的我走上健康的人生之路。我从初中语文课本上知道《钢铁是怎样炼成的》，就从学校图书馆借来。书里提到《牛虻》，又借来看。我称之为“滚雪球”读书法。高中时，班主任是随军记者出身的离休干部，藏书丰富。我是班长，受他影响，梦想今后也当个记者，读书的视野更开阔了。

“文革”粉碎了我的大学梦想，但后来不管怎样人生颠簸，际遇顺逆，我始终坚持了读书自学，或许是迷茫中寻求解惑，或许是疲惫中需要慰藉。多少个不眠之夜，清茶一杯，身靠叠被，半睡半依，不为考试，没有功利，读得如醉似痴，不知夜深何时。读过托尔斯泰、高尔基、肖洛霍夫、巴尔扎克、雨果等，感觉好像邀大师晤谈，使自己的人格成长不断滋补精神营养。

我入伍不久调到团报道组，边学边干。谁知这样一干就是十几年，甘愿舍弃荣誉、仕途、健康等个人的东西。我参加了自卫还击战，指挥部和连队几乎同一方位挺进，一发炮弹炸伤了战友，我把仅有的急救包给他。前进了几米，又一发炮弹落在我头边，幸好因受潮未炸，战友以为我“光荣”了。我火线采写的《英勇献身的无畏战士杨建章》发表在《国防战士》报上，第一个报道了这位战斗英雄。我还报道了英雄集体六连二排等许多可歌可泣的事迹。战火的锤炼提升了我的读书境界。

我转业到一家设计研究院，违背了当记者的初衷，就自己联系了一家报社。可党委书记沉默不语，我就羞愧起来，不再坚持。想到自己是党员，转业干部，应当顾全大局。于是，面对新的情况，又开始读书。我自学考试获得了复旦大学文凭，还连续多年被设计院和局评为读书积极分子。有一次，应邀参加市读书办座谈会，我的发言“读书是我终生不悔的选择”，受到市读书办刘砚国等领导同志的肯定。

然而，天有不测风云，一次例行体检意外查出我患有甲状腺癌症，且已经转移。好似晴天霹雳，瞬间眼前一片漆黑，万念俱灭，感觉人生真是个悲剧，甚至想去“自行消失”。在这关键的时刻，保尔的形象重又浮现在眼前，意识到自己始终是一名战士，战场上经受过生死考验，现在面对癌症这个敌人，也要在精神上战胜它。于是，我调整了自己的情绪，以书画锻炼身体。如今，我终于战胜了癌症。步入晚年的我又成了对社会有用的人。我考了特约记者，散文多次在征文中获奖。意外的收获是，我还是几家书画协会会员，因病成为一名书画家。我又是收藏家协会会员，那是对我一生爱书、买书、读书的鼓励。

由此我想，读书可以让人性放射出绚烂的光彩，那是一种美丽的人生。假如可以重新选择，我仍然要走读书的人生之路。

书香识上海

林文钦（上海）

上海，仿若我的一个情人。这个城市让人久久迷恋，因了她身上洋溢着东方文化的优雅气息。

对上海的初印象，始于张爱玲的小说《倾城之恋》。在作家缓缓道来的老故事里，我瞬间触摸到了上海的历史风情和文化积淀。漫步小说的字里行间，上海给人一种奇妙的体验：青砖步行道、两旁的清水砖墙、乌漆大门、异域情调的店铺招牌……你可以想象自己是一个 30 年代的上海女子，身穿旗袍，优雅娉婷地走在历史里。

就像美国作家弗朗西丝 · 梅耶斯所作的形容：因为一

本书，全世界爱上了一个地方。引用作家的话说，一本《倾城之恋》，让世人对屹立东方的风情之城——上海，产生了无数的向往与遐想。

渐渐地，我在一次次的阅读中，发现了上海有着海市蜃楼般迷幻的美。从陈定山的《春申旧闻》，余秋雨的《上海人》，王安忆的《上海繁华梦》，到安妮宝贝的《午夜的裙子》，这座城，一点一点地立体起来，却始终觉得疏离。她是远离我的城，站在黄浦江边，兀自高贵，兀自繁华，兀自绚丽。

一阵阵飘过的书香，让我迷恋上这座城市，就如同迷恋上一个人，一首歌，或者一幅名画。那种感觉清晰地印在心尖上,却穷于言辞。那如同一种与生俱来的缘分与默契。但是，当我意识到自己开始迷恋这座城的时候，那样的爱已经如同洪水决堤一般，排山倒海地袭来。

2002 年去上海参加笔会，让我第一次有机会去体验这座城市。

一条与书籍相伴而来的绍兴路，因其文化深度和精神内涵，它让我半晌流连。对于一个城市来说，绍兴路，更像一处苍茫大海的港湾。一经走进，城市的喧嚣一下子跳到脑后，我面对的，是一片的静谧。我所看到的，是从车水马龙解脱出来的闲适和惬意。

绍兴路无疑是很文化的。如果作比喻，我想，这条路就像一个悠闲的书生，毫不理会周围世界天翻地覆地变化，执著地沉浸在对书的迷恋中。把绍兴路比作书生，大概不能算牵强，因为，这是一条有名的出版街。这样的布局，也许是一种巧合，这样的巧合，使这条短短的小路成了名副其实的出版街。的确，这条曾占据上海出版业半壁江山的绍兴路，几百年的文化沉淀熏陶，始终让它在喧闹中坚守着这一份特有的宁静。

上海，其文化发展伴随着书籍的出版史和市民的阅读史。一个弥漫书香的城市，始终展露着它的优雅表情。我脑海中始终保持着这样的画面：带着一脸温情的沪市人，在外滩、公园里或机场广场，闲适地抱着一本书，在微风的吹拂下，安心享受属于一个人的阅读时光。

2008 年 4 月的春风，邀请我再次来到沪上。那是个阳光明媚的春天，以“我爱读书，我爱生活”为主题的上海书展引来了无数求知者的目光，名流作家，纷纷聚集于沪上，参加书展的读者饥渴地沐浴书香，感受现场浓郁的文化气息，与大师现场对话，交流与碰撞着各类观点。大江南北，海内海外，这个时代的精英思想在社会上得到广泛传播，而书市为这些精英思想的散播、发酵、交融、激荡提供了最好的场所和氛围。书展上，文化名人、作家读者，围绕书展主题作着酣畅淋漓的演讲，传播着“读书给城市人力量，读书使生活更美好”的理念，这个位于中国南北交汇点的城市始终敞开海纳各类文化河川的情怀。当我信步走进书展的专门休闲区域，一颗浮躁的心慢慢平静下来，目光涉猎着各种名著，让精神漫游在文化的原野中。

离沪后未久，朋友许君给我寄来《当代作家笔下的上海》，一直放在床头，始终看不完。因为总是在一遍遍品味里面的文字，流淌在里面的各种温情。那些散文随笔如此细腻地透射出城市的精髓，那些在华丽光鲜的外表包裹中沉淀下来的文化温情。我知道，我爱着的，并不是哈根达

斯里的冰点，不是茂名南路的酒吧，也不是天堂制造的藏银壁画。我一直相信，那些或张扬或奢华或迷幻或狂野的，始终只是它的躯壳，而它的内心，却是异常沉静典雅的。那份典雅，永远不会被城市的速度抹杀，它们是我无从感知无从探究的城市的文化灵魂。我深知，在上海，热爱慢生活的人们，已将阅读当作一种现代生活方式的象征。或许，这也是为何有那么多文化名流、青年学子为之向往、为之迷恋的原因了。

哲人说："每一代人有每一代人的存世理想，每一地人有每一地人不可抵达的城市。"而每个人心中都可以有自己的上海，在阅尽千城之后，唯有这个热爱阅读的城市，让人不再刻意提起，永远也不会忘记它的绝世优雅。

上海打工圆我读书梦

草木枯荣（上海）

1995年的夏天，高一都不曾读完的我辗转来到大上海，开始了我在上海长达十五年的打工生活。在上海我帮郊区农民割过稻子，当过建筑工地拖拉机运输司机的下手，做过狼犬公司驯犬员、企业文案、杂志编辑等等工作。十五年来我的足迹到过沪郊许多乡镇，其中的辛酸苦辣，个中滋味我自知。可值得庆幸的是，无论打工的日子有多么艰难，读书学习我一直未曾断过。靠着喜读书，伴随着上海翻天覆地的巨变，我的人生命运也在转变。

每换一份新工作，到了一个新的打工场所，那附近地区我最先要找的不是大卖场，不是豪华超市，更不是娱乐场所，而是新华书店和图书馆。感谢上海先进的文化设施，让我走到哪里都有书可买，有报刊杂志可看。我初到上海打工剩余的收入大都买书看了，此举让平日里只会打牌瞎闹的同事很不以为然。他们很不理解，会善意的问“小刘你一个打工的还买书看？”后来书价太贵，我就到旧书摊上“淘”旧书。一次我在一个小镇的老街里花了十元钱买回十好几本书，同室老乡笑我把“金砖”给搬回来了。结果书越聚越多，而书多了又不舍得扔，搬起家来特烦。老乡们最怕给我搬家，说是给我搬家就像给孔夫子搬家一样，都是书。后来，我只能有选择有节制的买书了，毕竟我在上海居无定所，更不要说奢望有一间不大的书房了。再想看书，我只有尽量去借，图书馆便成为我的新宠，是我跑的最勤的地方。

在图书馆里不仅可以借书看，还有报刊杂志可以免费阅读。而图书馆的工作人员从开始的对我这个外来工的不信任、排斥，到为我的勤奋好学所感动，而主动为我提供方便和帮助，这其间有个过程，但确实让我获益匪浅。读书看报让我在初来上海举目无亲的日子里，排遣了孤独，让我的工余生活非常充实。现在想来我还为我自己的见到书就像见到面包一样的好学精神深深感动。我的很多相识的打工同路人，原本文化程度就低，又不肯花时间学习，而逐渐感到对上海的不适应，最终无奈的选择离开这座可爱的城市。而我却勇敢的留了下来，并能够逐渐融入这个文明程度极高的城市，这和我爱看书，好学是不无关联的。

在打工的日子里，我日渐感到知识的贫乏。书也还在看，可感觉特别乱，缺少系统性。于是便有了进学校读书的念头。伴随着我打工的积蓄相对丰厚起来时，这种愿望变得更加强烈。通过一番打听、请教和查询，我选择了有一定难度的“自学”考试。感谢上海如此发达先进的成人教育网，有那么多的夜校可供我选择！再通过一番寻寻觅觅，几经波折之后，我找到了再度走进学校的天堂所在，当我走进社区夜校宽敞明亮的教室，我真的心情激动。没想到在我辍学近十年后，我还有机会重新坐回教室再当一次学生！

在边打工、边求学的日子里，我遇到了失业、上班时间和听课时间冲突等多种早先难以预料的困难，但这丝毫没影响我把“自考”进行到底的决心。落下的课，我会打电话向授课老师请教，或是用别的方法给补上，直到我取得华东师范大学的本科文凭。

读书学习，让我拿到的不仅是一纸文凭，还给了我应有的知识和自信。我敢于拿着简历到人才市场去寻觅我所向往的理想工作了，并最终幸运的进了杂志社从事文字编辑。而我的读书上进，靠打工圆梦大学的事迹也引起了上海媒体的关注和报道，东方卫视“走进他们”节目组还为我拍了专题片，节目播出后在打工人里引起反响。

庆幸自己来上海打工，圆了我的大学梦，改变了我的人生轨迹。上海仍在发展，我也将通过读书和继续读书来不断的改变自己、提升自己。

辞典与人生

倪国荣（上海）

上世纪50年代余在高中学俄文，见班级有与前苏联同学通信者，不胜艳羡，就央求老师代为玉成，与列宁格勒（今圣彼得堡）某八年级女中学生列娜（其父亲在二战阵亡，靠祖母养老金度日）“联网”了，并彼此赠送些小礼物，诸如自己喜欢读书所获“鲁迅读书奖章”、本人近照之类；写俄文信，已超出原教学大纲要求，于是买来袖珍本赭色漆布封面袖珍《俄汉简明辞典》和《俄语学习》（见附照），挖空心思套用了若干词条，但仍不敷实用，于是去福州路、海宁路旧书店仅花一元钱淘得老掉牙的《汉俄辞典》而如获至

宝，拿着那“洋泾浜”回信怀着忐忑不安心情请老师斧正（被改得体无完肤，其实是包办代替），被鼓励为“还可以”……某次她寄来一本原版《知识就是力量》，其中有不少科技讯息吸引了我，就不简自陋地尝试翻译成名副其实的“豆腐干”短文，投寄给诸如《科学画报》、《无线电》等杂志，竟然被破格录用（稿费 2 ~ 3 元不等）——这是“阿拉”中学生首次投稿哟，那鼓舞的力量就甭提啦！所遇到翻译难题，如现在所谓“激光器”，译称“睐泽”，就是去新华书店翻大辞典查得的（当时尚无统一译名）——因平民家庭无力购买，就将所需翻译的疑难俄文在纸片上写就，现场偷偷对照。常言道，运气来了连门也关不住，高考俄文，其中一篇竟是翻译“米沙致中国朋友的信”，于是三下五除二就 OK 啦，到同济报到后开学，课任沈老师宣布我为课代表，才透露在下俄文高考得满分，呵呵。当时闹“教改”，就让我串联同学配合翻译某些原版科技文章，哈尔滨某知名杂志还让我担任通讯员。那时作为青年学生，对所谓中苏分歧浑然不知，可后来通信石沉大海，虽感觉纳闷也就不了了之啦。此间因阑尾炎在新华医院手术，家父在病床边开第二外语——英语（他系圣约翰大学毕业），只教国际音标，其他自理（后来论文提要多由他润色把关，多了怕麻烦就依样画葫芦套），好在科技词汇俄 - 英彼此相通，虽语法迥异，但单词记忆困难似乎不大。

毕业分配长沙，第一件事就是劳驾湖南同窗在旧书店代购《俄汉大辞典》和《俄汉技术辞典》。不料“文革”来临，家父因曾在抗战时流亡成都当翻译被清查，母亲怕事就将我与列娜通信（含照片）都付之一炬了，真可惜啊！因无所事事，作为逍遥派就看看专业书，再不就逐页背辞典；改革开放后敝人在国内外发表百余篇论文，并以此跳槽某高校，免试讲，不出三月由普通技术员被特拔为高级职称（因在下平时喜欢翻译，手头有近十万字发表译文，故外语亦可免试）；原来的水电设计院同事后来每每因外语不能过关而被卡，但多系业务骨干，主管厅局就网开一面，请敝校杨教授办班速成（谈何容易），由吾那英文课代表的同学辅导，他告诉我一个笑话——教材系英汉对照翻译，试题自然就混迹在其中，不过临时抽掉了一段，结果应考者仍然将全文生搬硬套照抄，真令人绝倒（到底该打多少分？）而原来学俄文的同事来求我代为捉刀——系一篇伽利略的天体力学论文，吾驾轻就熟基本了结，但遇到一专有名词卡壳——几乎查遍了所有的俄华辞典，都无可奉告，原拟用“音译”（附原文）应付，但觉得不符合“信达雅”原则，忽然心血来潮想，何不先将俄文对照成英语，再查牛津词典，结果，那单词乃海王星的卫星，果然冷门，事后，彼送来两盒“脑白金”算是“润笔”，也就笑纳了。

翻译也有失望的地方，例如1982年我在湖南图书馆发现新版著名家萨文的《应力集中手册》（俄－英－乌对照），赶紧驾轻就熟译好，趁赴京去《水利学报》校稿之机，请恩师潘家铮（当时任水电总局总工，后为中科院院士）审正，弦外之意是若能向出版社推荐更好（在下若干论文乃至职称评语均潘老所赐），但已有高人捷足先登而铩羽。而在我院杨教授主持为龙滩水电站翻译世界银行贷款标书时，他特意邀我加盟——因在下曾在水电部门工作近二十年，懂得专有名词，他曾审阅我的《慕尼黑地铁》译文，觉得功力还可以。

长沙可谓第二故乡，而吾翻译多得益湖南图书馆，被特许可以入库房翻书，自带午餐消磨整整一天而往往满载而归，特别是新馆由胡耀邦题名，环境优雅，窗明几亮，系莘莘学子的好去处，也成为长沙城市的名片。

提早退休后在房地产公司打工，有次老板拿来一捆美国“巴特勒”公司轻钢资料，说因相关项目投标欲急用（其实乃考察我的能力），事毕咱还与该公司经理通信（自然是英文），好在已有尺牍样本可供参考，人家还看得懂，而自己唯一收获就是写外文信，即使用打字，在信末必须用亲笔签名，以示郑重，学俄文的总经理还拿来他服用的进口补药说明询问其成份，如所周知，其中有不少拉丁文难题，敝人也迎刃而解，于是被委以“总工”重任，咱借此用公款购“快译通”，但总觉得没有翻词典那种韵味。

如今退休回沪，何不在网上搞翻译以赚些外快？算了，因此非本行，退休后打打桥牌，爬爬格子忙着呢，因敝人普通话差强人意，用智能拼音输入每每会弹出啼笑皆非的词组，不得不借助《现代汉语词典》、《新华词典》等工具书，看来，辞典会伴随我终身啦。外孙女也因搭上蓝印户口末班车，在寒舍附近入小学，为了她外语出人头地，特地购买了外教社厚厚一本《汉英词典》（获奖辞书），一步到位，其他辞书亦一大堆，如今她已三年级，英文都是满分且各科年级第一——可怜天下父母心，望子成龙啊。

感动常在

倪伟勤（上海）

看到在征文，《平凡的世界》首先映入眼帘。煤矿工人艰难的生活，主人公凄美的爱情，以及作者路遥融入生命的写作，印象深刻，难以忘怀。

古语云：书非借而不能读也。我看大致如此。然而，《平凡的世界》却是个例外。这是一本由我自己购买，并且认真读完的书。印象中，我是读大二时在学校门口的书店里买的，简装本，挺厚的。一看之后，便爱不释手。探究，震撼，并被感动……

也许是我看书太少的缘故，抑或是此书带给我太多的感动与思考，大学期间，我还慷慨地把它借给当时的女友、现如今的老婆看。她也说好看。

1997 年我大学毕业参加工作后，在与办公室的大阿姐谈及诸如“看些什么书”之类的话题时，我又极力推介她看《平凡的世界》。

此后多年，时空变幻，角色变化。从青浦到松江，又从松江到青浦，企业改制，职务调整，寻寻觅觅，冷冷清清，凄凄惨惨戚戚。 可带可不带的，如旧家什、旧书报等一概丢弃，唯独《平凡的世界》一书舍不得抛弃。密密麻麻的文字，泛黄的书纸，简陋的包装，放在新书柜中甚至显得有点不合时宜，但是因为爱，故我在。

本来呢，我与这本书的故事就此打住，《平凡的世界》会静静地躺在我内心某一个角落。然而，前些日子单位在征集员工读书感言时，一个年逾五十的老职工居然也说喜欢看这本书，还写了颇有见地的读书感言，再次搅动了我内心的平静。

不同的年龄，不同的经历，居然同时喜欢上了同一本书。既有一种志同道合、相见恨晚的欣喜，又有一种暗生敬佩、感同身受的折服……我想，好书是跨越时空、跨越年龄的。也许，这便是一本好书的恒久魅力之所在。

这几天，我看《新民晚报》“夜光杯”刊登了陈歆耕的《长篇小说量质背离》一文，谈及了长篇小说的长度、难度和厚度问题。文中提及“堪比路遥《平凡的世界》，有望问鼎茅盾文学奖”云云。作者也是把该书作为一个标杆，谈古论今，针砭时弊，推崇、赞美《平凡的世界》之意溢于言表。真是切中肯綮，所言极是。

时间如白驹过隙，好多的人，好多的事，随着时间的推移，就会渐渐淡忘，直至湮没在尘世之中。如今，我已经年届不惑，任凭岁月的冲刷，《平凡的世界》一书，却经年不忘，沉甸甸的，常驻心间。

绿蚁新醅酒，红泥小火炉。晚来天欲雪，能饮一杯无？在这个快节奏的社会生活久了，我们需要小憩一下，停下脚步，让心灵跟上自己的步伐……我想，《平凡的世界》就是这样一本好书，可以让我们触摸到自己的心灵，让我们感动常在。

一次热闹而飞扬的书写

谢倩霓（上海）

谢天谢地是一对双胞胎小姑娘的名字，是我创作的小学生系列生活故事“家有谢天谢地”中的主人公，她们的原型是我的一对双胞胎女儿，她们原汁原味的生活故事一直在上海的一家儿童报刊《小青蛙报》上连载，到今年已经是第四个年头了，与此同时还结集出版了多本以“谢天谢地”命名的图书在全国各地销售，所以上海以及全国各地的小学生们都非常熟悉她们的故事，喜欢她们的故事。

当我接到中国少年儿童出版社的邀约，请我结合上海市 2010 年世博会唯一的一部官方动画片《海宝来啦》的有关情节，利用谢天谢地这两个人物形象，创作两部反映上海小学生热情参与世博会的中篇童话作品时，我的第一感觉是非常惴惴不安并带着点抗拒心理的。戴着镣铐跳舞向来是一件吃力不讨好的事情，一不小心就会弄得自己和自己的作品都非常狼狈和被动。而且这样的应时之作生命力有限，也会让人觉得是一件可惜的事情。

那时候，我对世博会是只闻其名，不知其里，以为它就是一届一届工业农业产品的国际展览。没想到，在花费了一周时间集中浏览了历届世博会的知识介绍后，我的心里一下子充满了一种创作的渴望和激情，充满了一种能够以自己的笔墨参与这样一场即将在自己的第二故乡——上海上演的盛会的强烈的自豪感！我没想到世博会原来是一场人类文明的盛宴，它们在世界各地盛装上演，人类的思想在这里交锋，人类的规则在这里诞生，人类的文明在这里绽放，人类的精神在这里升华！这里充满着发明者的渴求和机会，工业家的意外和传奇，艺术家的冲动和不朽；它一次一次改写人类的历史，推动着我们的生活向更绚丽美好的未来迈进……而2010年的上海世博会，是第一次在发展中国家举办的盛会，更是一届参展国家和国际组织最多、最富有创意和特色的百年难遇的盛会！作为一个个体写作者，这是第一次，我在心里对自己将要进行的文本写作充满了一种强大的自豪感和集体荣耀感，这真是一种非常神奇而独特的写作体验！

而更令我没想到的是，心里一旦欣然接纳了这样一种写作的形式，灵感竟然会像积蓄已久的喷泉一样喷涌而出！在仔细研究了动画片的故事构架、人物形象以及多集具体的文字脚本后，我脑子里很快就涌现出了自己的两部童话中将要出场的主要人物形象以及他们的性格特征，很快就涌现出了具体的故事情节以及如何将世博会知识巧妙容纳于其中的方法。我仅花了一个晚上的时间，就一口气列出了《阳光谷失踪记》和《拯救玩偶星球》这两部童话作品的故事大纲，并很快就进入到具体的创作之中了。

写作的过程也是令人惊讶地灵感迸溅、文思飞扬！很多有趣的细节、很多生动的场景和对话就那样水流一样从手指下哗啦哗啦流出来，有时甚至感觉手指敲击键盘的速度都要赶不上文思喷涌的速度了！对于我这样习惯于慢写作的写作者来说，这可真是一种最令人心醉神迷的、可遇而不可求的写作状态呀！

原来，戴着镣铐跳舞，只要融入了情感和思考，也是可以跳出如此美妙的旋律和感觉来的！

而作为一个已经在上海生活了15年之久、并且此后要一直在这座城市居住下去的新上海人，能够以自己的笔墨从一个侧面记录这样的一场盛典，这真是一件非常有意义的事情！从某种意义上来说，这可能也是我作为一个文学写作者、作为一个儿童文学作家最特别、最难忘的一次创作体验了！

世界是平的，阅读是立体的

潘修睦（上海）

学会阅读，　是在那个无书可读的年代；走进书店，缘起于童年的一片向往。

我的童年，是在身背“黑五类”而被下放的祖辈们身边、在黄海之滨的乡村僻壤中度过的，三四岁的时候，毛主席的“老三篇”和祖辈们自制的识字卡片就是我的文化生活的全部，再往后，“黑五类”家也能拉上了有线广播了，我们就能聆听到那些激情豪迈的“两报一刊”社论、“战地歌声”，还有几出“样板戏”，文化生活从此“多姿多彩”了一些。偶然的机会，我跟随着外祖父去镇上的邮局领取从上海寄来的生活费，顺道走进一家农村合作社，里面有一个新华书店的柜台，陈列着几本《革命现代京剧唱词选段》，外公给我买了一本。回家后，跟着有线广播播放出的旋律，开始拓展我的“文化视野”。

——无书可读的年代，我学会了“阅读”，这也是我“阅读生涯”的最初记忆。从此，我能常去书店看看也成了我童年的一个向往。

到了该上学的年龄，我回到了上海，好多人都会这样对我说：在上海的街道上，有邮局、银行的地方，总会有一家新华书店。的确是这样，到了上海以后，我走进了更多更多的新华书店，后来还在福州路、四川北路上发现了能淘到旧书的上海书店，特别是上海书店影印出版的《中国现代文学史参考资料》系列，消耗了我本就不多的零花钱。在书店里，我耗掉好多好多的时光，揣着一颗对书店无比憧憬的心情，我走进了新华书店，真正成为了书店的一员了。至今我还清晰地记得上海工具书店开业的盛况，那时我刚工作不久，请假早早赶过去，只见排队等待进门的人流已经从四川路拐到了旁边的小弄堂。花掉了几乎一个月的工资好不容易买到了一本《唐诗鉴赏辞典》和一本《同义词词林》。现在那些书大多已经泛黄了，但至今仍是我的珍藏，因为这些书，承载着我无数的记忆和曾经的寄托，欲罢不能。

建国六十年大庆前夕，《东方早报》筹划了一组特别报道，通过上海的影像史“寻找60年光阴的故事”，编辑发来一张有关书店的老照片，让我找找当事人回忆一下当时的情景。那是一张摄于1979年末期的照片，一个刚恢复高考的年代，上海卢湾区新华书店科技门市部前，等待开门

“抢购”书籍的一批市民，一双双求知若渴的眼睛，隔着门玻璃向店内张望。三十年过去了，我几经周折，找到了几位已经退休多年的当事人，共同回忆了那段求知欲望迸发的年代，那段令整座城市难以忘怀的岁月，一套《数理化自学丛书》诞生了中国图书出版发行量的一个奇迹，也圆了无数人的大学梦。在那样一个从全面禁锢走向逐步开放的年代，好书有人要，好书往往还是紧俏商品，用现在市场的眼光看，那就是“供小于求”，所以认识书店的人难免会有一种自豪感的。

社会在进步，科技在发展，人们的阅读方式也发生了巨大的变化。如今，读书不再是唯一的“青灯黄卷”了，阅读的形式也可以是网络、手机、电子阅读器等等，我也学会融入了这样的阅读新潮之中，看电子书、写网络博客，但是，每当拿起一本书，就会有一种挥之不去的感觉，总还是感觉到阅读还是需要一种有棱有角的“书”才能触摸得，总感觉到书里面蕴藏着哲人和智者们丰富的思想、生活的滋味、多彩的人生，因为有着这些，所以那一排排书籍才是多角度的，阅读书籍，才能感悟到世界是平的，“书”才是立体的，阅读着的城市生活才不会是平淡无奇的。

书海淘金伴人生

薛鲁光（上海）

我是在上海长大的。每每提起故乡，眉宇间就绽放出自豪的花朵。我家原住陕南邨，那是一片有着 16 幢法国式的建筑风格的高档建筑群。居住户以高级知识分子为主，有着浓浓的文化氛围。父亲是南下老干部，带兵打仗的经历令他深悟文化的重要。在我懵懂之际，正值中国的“文化荒漠”。父亲常对我说，“书还是有用的。读书可以明理达智。”那时停课了，老师却给我一张借书证，深情地对我说，“到知识海洋里去遨游吧，那里可以得到你所需要的慰藉。”老师提倡我们写日记，说这是提高写作水平的一条捷径。年幼的心灵，充满对创作精神产品的作家的崇拜。于是，读书成了我观察外部世界的途径，写日记则成了我表露内心世界的途径了。

于是，我学着写日记。每天在日记里检讨自己，期盼自己长大成为一个纯粹的人。这个好习惯一直延续到成人。实在没有事记了，还会虚构一点情节写下来。偶尔的快乐也是有的，比如看了朝鲜电影，就模仿其中特务间的接头暗号："你拿的是什么书？……""歌曲集《阿丽拉》。"这几句平淡的对白之所以被我长久地记住，是因为那个时代我们的文化娱乐生活太过贫乏了吧。但我仍然觉得还有另外的原因，那就是：这对白里毕竟还有几分属于文学的美感，在那样一个历史时期，我们所能看到和听到的文艺作品更多的是愤怒、仇恨以及对个体的不屑。就是在这样的日子里，我借到一部法国作家罗曼 · 罗兰的《约翰 · 克利斯朵夫》。记得扉页上的题记是这样两句话："真正的光明决不是永没有黑暗的时间，只是永不被黑暗所淹没罢了；真正的英雄决不是永没有卑下的情操，只是永不被卑下的情操所屈服罢了。"这两句话使我受到深深的震撼，一时间我觉得这么伟大的作家都说英雄也可以有卑下的情操，更何况我这样的普通人。然而 "永不被卑下的情操所屈服"，又使我对英雄刮目相看，它照亮了我精神深处的幽暗，也让我辩证沉稳看世界。

后来，我当兵来到了军营，部队的黑板报，成了我的大日记本。我把读书的体会写在"批林批孔"之余，当然那都是一些冠冕堂皇人云亦云的言论。然而"润物细无声"，潜移默化中培养了我香茗一杯，书轴一卷的习惯。1975 年从部队退伍回到上海，一时为工作不称心而烦恼。于是就把心思投向书海。书像是惊飞走的鸟，家里书少，外面的书也少，我却又爱看书，便常常为想看书却找不到书而又生愁滋味。

一日，我路过离家不远的一家废品收购站，忽然听见有人招呼我，一看，收废品的是我一邻居。多日不见，同为天涯沦落人，相逢更亲曾相识。于是，我俩站在他那辆装废品的三轮车旁便聊了起来。他告诉我他的经历：下乡返沪，一时待业，居委帮找了这么个活儿，暂时糊口度日。唉，比我还惨！那时我在一家仓库里看仓库，起码有个正式的工作和稳定的工资。聊了会儿天，临走的时候，忽然发现塞满废报纸杂志的麻袋里，闪出“萌芽”几个字，是好看的魏碑体，很醒目，还有插图，于是好奇地抽了出来。他对我说你要，就拿去看好了。那是一本70年代刚创刊的青年杂志，里面有一篇上海作家王小鹰写的《栀子花盛开的原野》，是写她插队黄山茶林场的岁月。印象很深，我很喜欢，一连看了好几遍。还有赵丽宏写的《心里的珍珠》，写他小时候和家乡孩子玩耍的乐趣，特别是那句蟹为啥都爬到海里？因为是崇明岛好。那像诗一样富有哲理的句子，深深印在脑际，文学的爱好影响着我对故乡、人生的情愫。

打那以后，我常常到他的废品收购站去。一为闲来无事聊天，二为看看有没有旧杂志或旧书的新发现。他知道我好这一口，在收购废品的过程中，有意替我留神着点儿，捡出来，放在一边。运气好的话，可以从那里挑几本人家卖的诗歌，虽然是以前的旧书，却封面都保持得完整，记得有一本《普希金诗集》，就是他特意留给我的额外照顾。

他的废品收购站，一度成为我的免费书店。再后来，人们生活好了，废品回收日渐萎缩。而我家附近，近绍兴路、瑞金路口，那一家废品回收站却昂首挺立了好多年。我去它那里卖废品时，故意多站一会，递根烟，与营业员套近乎。因为在他那里，可能有“灯光阑珊”的机缘。一旦有了好书，我就让他留着，而我定时去取，他便折价卖给我，我呢，欣喜觅宝，两厢情愿。那时的欧·亨利、契诃夫的短篇，雨果、巴尔扎克的长篇我都曾在那觅得。

读书使我感到天地广大，智海无涯。我不再自寻烦恼了，我也学着鲁迅的样，把别人搓麻将、甩扑克、喝咖啡的时间都投入到学习和创作之中。白天工作，业余时间我就进补习班读书，从初中文化补起，十年后便拿到了大专文凭。在39岁那年，峰回路转，终于实现了当中学教师的夙愿。那天我高兴地摆酒设宴，请了好多亲朋好友。因为这是我人生的转机，而书就是帮我实现人生转机的恩人。

茫茫人海一知己，同喜同忧紧相随。在荒芜的土壤里开始耕耘文学的苗圃。在大专班里，老师给我们详讲罗曼·罗兰的《约翰·克利斯朵夫》，罗曼·罗兰曲折的人生经历是他写出十卷本的浩瀚大书的优势。正是这部奇书揭示了人心那浩瀚且复杂的活动。对克利斯朵夫的关注是我精神支柱的转折点。一个人的一生，极少有风平浪静的，跌宕是不可避免的。然而一旦也诗意地栖居在大地上，就会对人间万事万物做到得意时不忘形，失意时不颓唐。而这些人生的教诲，不就是在教育我一步一步走稳人生之路吗！文学是最能让我感受诗意，最能描述我的生存状态、生活万象，提升我的生命价值的一门艺术。于是乎，我开始习诗，尽管那时我对诗的理解还处于懵懂状态。但潜意识告诉我，在文学的四大体裁中，短小分行的诗是比较适合我的。毛主席说："革命工作往往不是先学好了再干，而是干起来再学，干就是学习。"主席说的太对了！诗歌，本来就是大众的艺术。习诗，没老师指导，怕什么，边写边学。在我工作的建工局仓库，见到隆隆的行车起吊起卷卷钢材，不禁亦萌发诗意："黎明／建筑工地／卷扬机托起地平线的璀璨／崭新的生活／在小巷的废墟上疏浚、拓宽"，我开始投稿，当我将第一首的诗投寄《建工报》，没多久，就接到编辑的电话，邀我去聊聊……过不多久，经编辑略加改动的《接班》发表了。我欣喜若狂，逢人提及。初战告捷，激发了斗志，琢磨习诗，将笔触变成恋飞的雏儿，延伸至浩淼大海、花鸟虫鱼、人生百态……

后来家搬到高安路，乳品二厂变成了上海图书馆，为我的阅读和写作开辟了方便之门。在中文期刊和报纸的阅览室，我轻轻地翻着各类书刊，在书中聆听名家的教诲，与诗人倾心交谈，洞察红尘的是非，诉说心中的曲直，激发生活的灵感。在经济学家精辟论述的字里行间里，看到祖国发展取得的巨大成就。搜索全国报纸的头条新闻，捕捉风俗各异好戏连台的新春火爆场面，感受国泰民安、和谐欢乐的气氛。遨游丰富多彩的休闲娱乐刊物，松弛绷紧的神经，注入生命的活力。真是其乐陶陶，心旷神怡。

时至今日，多元的文化，使文学走下了象牙塔。然而，一生锤炼的读书和写作的嗜好成了步入老年的我的寄托，它让我愈加思索文学的魅力，思索精神的力量。约翰 · 克利斯朵夫这个小人物的不同寻常的经历，让我永远迷恋人

生的历练。笔耕也小有成果，出了两本个人诗集。在报刊杂志也偶尔有本人拙作亮相。在教书之余，我也向学生宣传读书好、好读书、读好书的人生箴言。并时常列举本人的酸甜苦辣。每当楼下不时飘入的邮递员“敲图章”之声，在吾耳垂，不啻于天籁之音眷顾寒室。特别是喧嚣后的夜阑之际，我会香茗一杯，书轴一卷，在孜孜不倦之余，在键盘上敲下我对人生这部奇书的体会：三生有幸也，阅读！

那天，我又巧遇邻居，看见我向他走过去，未等我开口，他对我说，这几天活儿忒忙，你提前约时间咱哥俩聊吧。说着，他递给我一张名片。至于免费书店，到时尽管来，见啥，拿啥，不用招呼，不是没有意思，实在是人生太有意思了。看来朋友也是让读书改变了人生呀！

书与城：各地

更悠久的历史，更丰富的传奇……

从娃娃书摊到新图书馆

丁运时（湖北 武汉）

我的“金色童年”，大半是沉溺在娃娃书摊上度过的。70 年代，我家住在武汉汉口花桥，已经读二年级的我，已经识了不少字，对书籍产生了强烈的兴趣，自然不愿再与儿时的伙伴玩泥巴、捉蜻蜓、钓虾子了，而是完全浸淫在丰富多姿的书本世界里。

每天放学回家，放下书包，我就一溜烟地穿过马路，来到对面牛奶公司宿舍的巷子口，这儿有一个娃娃书摊，巷子狭窄的通道里，光线黯淡，靠墙摆着两排木头架子，花花绿绿的娃娃书一本本整齐地吊在架子中间的绳子上，书架下有两排木板钉成的板凳，又长又矮。看书的条件非常恶劣，在露天，虽然可以勉强遮雨，却挡不了寒风，然而那时却是我无与伦比的乐园。在这里，我锱铢积累地读了几百册娃娃书，小小的脑袋里如饥似渴地吸收着一切书本知识，囫囵吞枣地咽下去，充满了奇思妙想的古怪念头。我常常超越时空的局囿，与水浒或三国英雄们“出生入死”，或者和福尔摩斯一道冥思苦想地侦破玄奥疑难的谜案，或者与鲁滨逊一起到漂流的荒岛上自力更生地生活数十载，或者神游一千零一夜，与阿里巴巴、辛伯达们为伍……

每每要到天色全暗下来，借助自然光线再也看不清，大人已经隔着马路一次次地喊着回家吃饭，这才揉揉发酸发胀的眼睛，依依不舍地回去。

至今还记得，书摊老板姓陈，胖胖的一脸笑，对小孩子们也很和气。逐渐混熟后，他见我酷爱看书且算得上“老主顾”，便给了很多特权和优待。那时，看薄书要一分钱一本，厚书则需两分，我总是省下过早钱来看书，陈老板还允许我赊账，或达到一定数量后额外地奖励我免费看一两本，凡有新书也积极向我推荐。后来，我一边租书看，一边也攒钱买了些书储存起来，慢慢地居然积了满满一抽屉，成了儿时唯一值得向小伙伴们夸耀的最宝贵的“财富”。那时汉口的大街小巷，这样的娃娃书摊星罗棋布，随处可见，小孩子们固然喜爱，就是一些大人也混迹其间，其乐融融。

一晃二三十年过去了，娃娃书摊如今渐已销声匿迹，当年的藏书也早就荡然无存了。读书人有了更好的去处，比如离童年书摊不远的武汉图书新馆拔地而起，给金融街平添了几许文化氛围。我总在双休日准时光顾，翻翻新版的报刊，浏览刚出的图书，或上网冲浪一番……

图书馆中央空调四季如春，电脑检索也让找书易如反掌，童年的娃娃书摊相比起来虽然条件简陋，但带给我一生异乎寻常的影响，却是始终值得感激与铭记的。我读书的兴趣的萌发、热爱书籍的情感以及阅读的习惯，最初都是从这里开始的。这一段经历也是我对文学对人生的一节启蒙课，至今发挥着重要的指引作用。令人欣慰的是，在那个时候我选择了一条正确的成长道路，没有荒弃儿时的金色时光。而我相信，从娃娃书摊到新图书馆，文化就在这日新月异中薪火相传，而读书人爱书的情感将始终不渝，这一切正好是改革开放三十年巨大的成就一个微观的注脚！

书立青山亮小城

马培文（江苏 盱眙）

常熟常来，常来常熟。去常熟，见到的是“十里青山半入城”，常熟人以此为自豪——有半截虞山点缀着县城，够滋润的了。可是，哪有我故居的小城好呢！盱眙，城在山中，山在城中，十座青山绵延起伏绿带萦绕，千里长淮波澜逶迤湄城东流，小小山城似翡翠、如宝石镶嵌在青山绿水之中，美着呢！

不信，你去看《西游记》的第66回，吴承恩先生在书中留下这样一段精彩的文字——

“行者纵起筋斗云，躲离怪处，直奔盱眙山。不一日早到，细观，真好去处：南近江津，北临淮水，东通海峤，西接封浮。山顶上有楼观峥嵘，山凹里有涧泉浩涌。嵯峨怪石，槃秀乔松。百般果品应时新，千样花枝迎日放。人如蚁阵往来多，船似雁行归去广。上边有瑞岩观、东岳宫、五显祠、龟山寺，钟韵香烟冲碧汉；又有玻璃泉、五塔峪、八仙台、杏花园，山光树色映蠙城。白云横不度，幽鸟倦还鸣。说甚泰嵩衡华秀，此间仙境若蓬瀛。

大圣点玩不尽，经过淮河，入蠙城之内，到大圣禅寺山门外，又见那殿宇轩昂、长廊彩丽，有一座宝塔峥嵘。真是：插云倚汉高千丈，仰视金瓶透碧空。上下有光凝宇宙，东西无影映帘栊。风吹宝铎闻天乐，日映冰虬对梵宫。飞宿灵禽时诉语，遥瞻淮水渺无穷。”

中国古典名著《西游记》乃神话传奇，书中将盱眙的美景真真切切地凸显而张扬千古，不能不是代代盱眙人的自豪与骄傲。小时候，老师教我读《西游记》，告诉我，盱眙是《西游记》创作的发源地，吴承恩先生曾在第一山上写作了半年，孙悟空的形象跟水怪无支祈有关哩！那时，一种神奇的暖流热遍全身，仰望着巍巍的第一山，内心充满了自豪。

如今，我已年近古稀，风风雨雨，暑来寒往，几十年里的教书生涯，我一直把读《西游记》作为弟子儿孙的必修课。我对我的学生和孩子们说，《西游记》是一本大童话，章章节节体现开放、进取、拼搏的精神，字字句句彰显奋斗、创新、包容和与世界接轨的勇气。吴承恩一手握魔笔涂鸦人间百态，一手挥丹青描绘多彩世界，让天地博大充满自由生态，让人神交往升腾人文精神。《西游记》馈赠给子子

孙孙的巨大财富，是一种不信神不怕妖的勇气硬度，是一种不放弃不抛弃的恒心长度，是一种可下海捉鳖可登天揽月的坚忍高度。《西游记》显现的是人性的本色，民族的自尊，中华的精神，传给我们的联想力、想象力、创新力，世世代代也用之不竭。

我提醒孩子们，读安徒生童话固然好，但要牢记，中国才是童话起源的故乡，吴承恩生于1500年，卒于1582年，享年83岁，他创作的《西游记》比丹麦的安徒生童话要早300年。安徒生生于1805年，卒于1875年，他创作童话的灵感来自于神奇的东方，这个东方就是伟大的中华大地。中华大地有一个山青水秀的盱眙小城，这小城的青山立着一本惊艳世界的大书，这本大书就是《西游记》！

书立青山，小城光亮。

我的小城我的书。《西游记》不仅属于历史，更属于现代和未来。

《西游记》不仅荣耀了盱眙，更荣耀了中华和世界。

《西游记》不仅鼓舞着古人，更鼓舞着现代人和我们的子孙后代！

闲话读书

王盛家（湖北 崇阳）

清末，崇阳有个名叫王唤玉的读书人，虽一介布衣，却须眉如雪仍披吟不倦，且于书房题联曰：“檐低不碍风云路，室小常涵天地心。”将殁前一日，犹约同人尝菊赋诗。

自古，如此这般的读书人，不知有多少。

我也爱好读书。虽然家庭经济向来并不宽裕，但每见想要的书，无论手头多么拮据也要掏钱买下来。曾经有一次带侄子去武汉治病，住20元钱一个晚上的最低档的旅社，得空去书城时，却花138元买了一部法国名著。前些年，家里既无冰箱，亦无彩电，连最需要的洗衣机也没用上，妻子收拾房间时常唠叨，说，外面的人走进屋来一看什么也没有，只有书。面对妻子的唠叨我并不烦，反倒感到很自豪，并题联于书房："家贫不移鸿鹄志，室陋常留翰墨香。"以自勉。家里的藏书究竟有多少册，从未认真清点过，反正有限的几个书柜已装满，一些资料性的东西，书柜装不下，就塞进了纸箱、木箱里。藏书种类，文学，政治，历史，乃至神秘文化，生活常识之类的都有。这些书，或精读，或泛览，基本上都读过。

书是开启人类智慧的钥匙，读书使人进步，这些话，说得一点也没错。比如我们生活在神秘文化相当浓厚的国度里，总以为天地间有一种什么神秘力量左右人的命运，决定人的祸福。我以前也是深受其困惑的。信，又无可凭依；不信，又普遍的都是这样说。后来我一本又一本的阅读有关神秘文化的书，如《神秘的五行》、《八卦与占筮破解》、《中国风水》等等，精读粗读过的堆起来足有一尺多厚。我穷根究底，发现神秘文化的根基纯粹建立在主观唯心主义基础之上，所谓阴阳五行、天人感应之类，全都是人们想当然的产物，并非天地间的必然。真的是"世上无神鬼，都是人信起"。阅读终于使我变成一个自觉的无神论者，精神由此获得完全自由。阅读文学作品，则使我既陶冶了情操，又大大拓宽了认识社会和人生的视野。读美国著名作家马克·吐温的长篇小说《镀金时代》，曾使我第一次认识了一百多年前的美国社会。小说描写了许多投机家、冒险家，他们到处招摇撞骗，想发横财。在其中一个主要人物塞勒斯上校身上，集中反映了当时弥漫整个美国的投机风气。当今世界的商品经济大潮中，仿佛仍能看到当年美国那个塞勒斯上校的影子。读《巴尔扎克中短篇小说选》，又使我第一次对一百多年前的法国社会有了初步的感性认识，知道了那里的平民怎样生活，那里的资本家是怎样运用各种合法或非法的手段，把别人的财产据为己有。读《钢铁是怎样炼成的》，正值青春年少时，书中具有顽强毅力和无私奉献精神的主人公保尔，曾被我视为青春偶像，他那段关于人生应“不会因为虚度年华而悔恨，也不会因为碌碌无为而羞耻”的名句，至今仍催我奋进。阅读政治、历史书籍，则使我逐步提高了辩证看待各种问题的能力，对现实能做到冷静观世，对未来能做到仰望星空，坚定理想信念。比如读人民日报理论部主编的《“六个为什么”》，就让我更加明确了我们应该坚持什么，应该扬弃什么，又应该包容什么。书中关于坚持马克思主义在意识形态领域的指导地位，关于坚持中国特色社会主义等等问题的论述，有理有据，高瞻远瞩，读了如醍醐灌顶，让人心明眼亮。今年春节，我们一家相聚在北京，儿子对他姐姐说，爸爸精气神很好。我觉得儿子对我的观察很准确。我精气神好来源于内心信念，而内心信念来源于阅读，来源于在阅读基础上的深入观察与思考。

阅读对我心灵的成长，世界观的形成，性格的塑造，都产生了深远影响。同时也提高了我的写作能力，近些年整理暨撰写史稿近百万字，发表文学作品多篇，部分作品获全国征文奖。

往后，我还须继续读书。

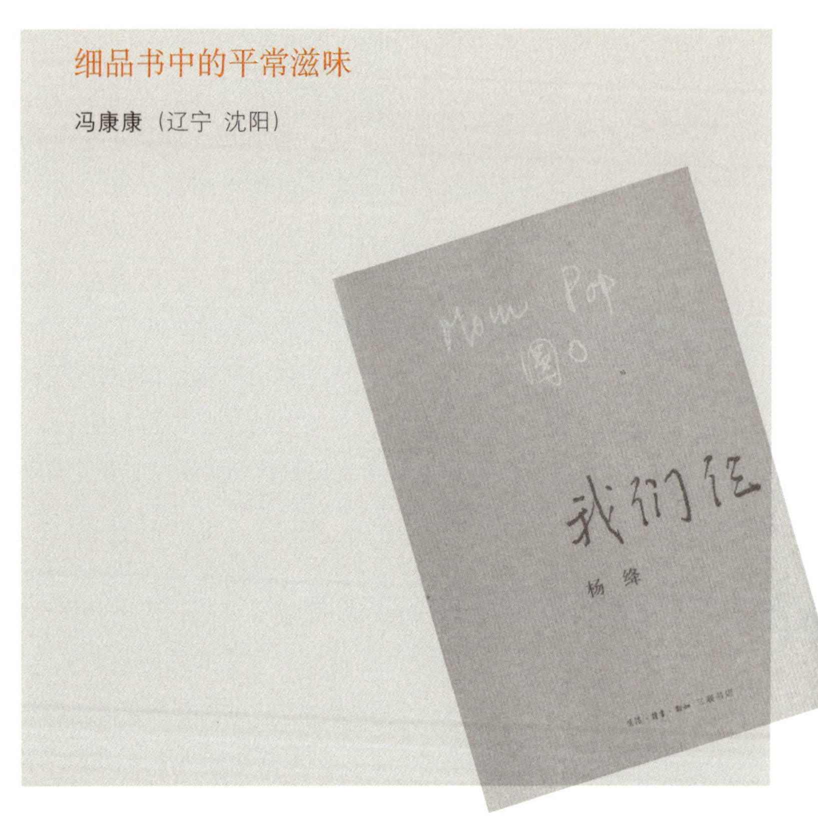

细品书中的平常滋味

冯康康（辽宁 沈阳）

常在书中见到这样的话语："语到极致是寻常。"因此总会问生活呢，生活的极致又是什么呢。年岁渐长后才明白生活的深意就在那柴米油盐酱醋茶之中。

曾经向往上海的富庶、京城的繁华，因此总觉得自己所处的古城开封总有些过时的味道。但真正离开后，才发觉只有他才能安妥我日益浮躁的灵魂。他像忠厚沉默的父亲，所给予每个任性子女的爱都是深沉的。渐渐觉得这是一个可以让你感动的城市，而这些感动来自最日常的情景。这感动不是云水激荡的，而是一点一点累积起来的，是有烟火人气的感动。小贩们会用豫东腔吆喝“冰糖葫芦，糖葫芦儿……”那婉转的调子在空中滑动着，而此刻你的口中却似乎早已酸酸的、甜甜的了。妇女们会为一把芹菜讨价还价，若讲下了一毛，便立刻喜上眉梢了，她们是不善藏拙的啊。胡同口眯着眼睛晒暖的老人会不耐其烦的给你讲着这一带的历史，什么黄河发大水了，什么祖上的土匪啦都能记清楚每个细节。我曾嘲笑这种生活的琐屑，正如少时读张爱玲的小说总是不能理解那里的女人为何那般喜好说三道四，后来才觉得流言竟也是她们生活中不可或缺的一部分，她们就是生活在说与被说中的。一些场景对于一些人来讲只是故事，之于另一些人来说则是生活。因此，古城开封的生活虽然琐碎，却是真切的，甚至触手可及的。

记得少时曾好奇的问母亲：“什么是婚姻？”母亲笑了，指指桌上的那碗粥说：“就是这个，两个弓腰的老人一辈子熬的这一碗米。”我一脸疑惑。 渐通人事后才知道：寻常的才叫生活，平淡的才是婚姻。当两个人按照延续了几千年的礼仪走入婚姻时，感情就不再仅靠最初的承诺来维持。毕竟再亘古不变的诺言也会在岁月中褪色。也许这期间你偶尔也会心猿意马，甚至为了追寻年少时的激情而决然逃离。但出走的你会发现自己怀念起那柴米油盐酱醋茶的日子，一种对家的归属感、依附感反而使你离不开这样平静如水的日子。无怪著名女作家张晓风说：“对我而言，爱一个人就是满心满意要跟他一起‘过日子’。”我想这才是对爱最质朴却又最高贵的诠释。

“外面的世界越来越喧嚣的时候，我的世界却愈发安静了”。我觉得用这句话来形容钱锺书先生最恰当不过了。他

因为一部《围城》名声大噪，拜访者络绎不绝，他却以“假如你吃了一个鸡蛋，觉得不错，何必要认识那下蛋的母鸡呢”，风趣的拒绝了。我笑了，因他的率性幽默；我叹服，因他的淡泊超然。真正了解他还是在看了杨绛先生的散文集《我们仨》和《干校六记》之后。在这里，他与“大家”、“天才”无关，他只是个温和的丈夫，一个可爱的父亲。他会趁女儿熟睡之际在她的眼眶周围用毛笔圈出一副眼镜。他会将板凳、扫帚等物什统统放到女儿床上，待女儿喊着叫妈妈时，他才“跪地求饶”。下放期间，他会趁着被派去邮局的当儿绕远道只为和看管菜园的妻子说上几句话。返城名额上没有他，看到杨绛为他伤心，便用一个笑话将这凝重的气氛打破。他是这样一个真性情的人，从不让名利拘囿自己平淡却真实的生活。也许你要笑他痴，我却要说大音希声、大相希形，他才是真正懂得生活之人。

你听过河湟花儿吗？我常常被这种原始的音乐吸引，它表达了人类最基本的欲念、最朴素的情感。它一直在讲诉老百姓的故事，农民的故事。他们不是没有情感，没有思想，只是属于他们的历史空间由于这个阶级缺乏文字而被王侯将相、才子佳人占据。他们的苦痛不习惯用言语来表达，他们的沧桑更不擅长用文字来流传。于是他们选择了这种最简单的方式，用浑厚、质朴的声音传达他们的爱与憎、喜与悲……我知道真正的美就该是这样的，它是直抵人类内心深处某种向善的东西。因此它首先该是感人的，而不只是一些冷冰冰的符号。

夕阳下沉默不语的古城开封，一直是一副将一切盛衰都看尽后的冲淡平和。也许生命中那些亘古不变的真理也像这座城一样爱穿着最不起眼的衣服。生命之河流走了，而留下的往往是那些最简单的石块。生活的极致就是这些最平常的石头吧！

兰州城隍庙里品淘旧书

乔卫平（广东 广州）

兰州城隍庙，始建于宋代，重修于清代。解放后，人民政府辟作“兰州市第一工人俱乐部”。改革开放以来，又变为“兰州文化交易市场”。双休日的旧书市，有大小书摊近二十个，极具魅力，吸引着爱书人纷至沓来，品书、淘书。有些书籍，出版发行已久，书店里早已无踪无影，但对有些爱书人来讲，却是梦寐以求，在旧书市里，竟能如愿寻觅并以廉价购得，好似绝处逢生，正如宋代大诗人陆游曰：“山重水复疑无路，柳暗花明又一村。”

我读书、藏书，视书如命，每逢双休日必去城隍庙品书、淘书，久之成习，每次收获或多或少，有时满载而归，不乏意外的惊喜。若偶被耽误一次，便好感失落。

我喜爱外国文学，尤喜爱俄苏文学，是从喜爱高尔基作品开始的。孩童时，很喜欢“小人书”，靠零零星星的一点积攒，阅读购藏过一些。董洪元根据高尔基自传体小说绘制、人民美术出版社出版的《童年》、《在人间》和《我的大学》，是我最喜爱的连环画之一，我不知翻阅了多少遍，并吸引我曾阅读了不同版本的原著中译本。高尔基早年坎坷的生活经历、积极劳动的思想、刻苦学习的精神和坚强不屈的意志，19 世纪俄国社会人与人之间的尔虞我诈、弱肉强食等等，如同一面面明镜，教会了幼小的我明辨是非，如何做人。特别是高尔基的外祖母勤劳善良，智慧坚强，光彩照人！给每一位读者留下了深刻的印象，令人久久难以忘怀！高尔基在《童年》中的抒情描写优美绝伦：“见到外祖母前，我像是躲在黑暗中睡眠，她来了，把我唤醒，引向光明，用一根连绵不断的线将我周围的一切联结起来，编织成五彩缤纷的图案，她立刻成了我终生的朋友，我最贴心、最理解、最珍爱的人，是她对世界无私的爱丰富了我的心，使我面对困苦人生充满了坚强的力量。”（高惠群翻译、上海译文出版社出版）随高尔基作品更多的阅读与理解，高尔基高超的文学创作、正直的思想品德、可贵的人格魅力，对我的成长与进步所产生的影响，极为深远。

夏衍先生主编、人民文学出版社出版的《高尔基文集》，洋洋二十卷，堪称我国的“高尔基文学著作之最”，是我数千册外国文学藏书中的精品，也是我的至珍至爱。我曾费尽周折，奔波外地寻购，又向出版社邮购，尽管平装、精装拼凑，也未能购全这套文集，缺憾至极。多年来，我绞尽脑汁，做梦都在觅购这套文集，孰料在城隍庙旧书市里，购得所缺的几卷，终于配齐了这套文集，圆了我的《高尔基文集》之梦。类似这样的梦，圆了几个，我已记不清了，这乐在其中的感受，更是无以言表。

我国的旧书业，历史悠久，对促进文化事业的繁荣和发展，功不可没。鲁迅、郑振铎和唐弢等著名大师、学者，非常钟情于品旧书、淘旧书，在文化史上曾留传佳话。北京的“潘家园”、上海的“文庙”等，至今仍是国内闻名遐迩的旧书市。近年来，受商品大潮的冲击，旧书业却呈日趋萎缩趋势，这引起文化界有识之士的广泛关注。但在经济文化欠发达的西北重镇，原本并不起眼的几个旧书摊，久而久之，逐渐发展成了一定规模的旧书市，成为爱书人品书、淘书的好去处，实乃难能可贵，一大幸事也。

如今我已移居广州，大都市虽然繁华似锦，魅力四射，但昔日在兰州城隍庙里品书、淘书的岁月，依旧是我最美好的回忆和深深的向往！高尔基说得好：“我扑在书籍上，就像饥饿的人扑在面包上一样。”我若重返兰州，仍将一如既往地奔向城隍庙，继续去那里品书、淘书。

光阴如笔，城市如书

米萱（天津）

我的小时候，是坐在父亲自行车后面看世界的。他骑着车子去到哪里，我的世界就延伸到哪里。

从幼时父亲骑自行车载着我，到渐渐长大之后自己独自骑车走在上下学的路上，这十多年的岁月仿佛眨眼之间。我惊讶地发现我曾经以为的世界原来只是这么小的一个角落，就好像前段时间翻出的幼儿园时看的看图学唐诗，记忆中那是一本又大又厚的书，可是现在看来它却只有巴掌那么大。原来我眼前的全部，也在和我一起长大。光阴的笔不仅描绘了我，也描绘了这座城市。小时候去过的地方，再去看时，早已变了模样。

我一直深爱着我的家乡——天津。人们说它是崛起的巨人，它是腾飞的蛟龙，可在我眼里，它就是一个温暖朴实的，亲切包容的城市。这里的人们热情而淳朴，说着让外地人觉得很有趣的天津话，奔忙在各自的奋斗路上。

天津就像是一本有着插画的故事书，摊在不知道是哪间咖啡厅的桌上，等待一个真诚的过路人，泡上一杯温热的咖啡，在慵懒的午后，可以用心去读它的每一页，读每一天的悲欢离合，日升月沉，物是人非。很多人只是草草翻过，就带着天津留给他们的各样印象匆匆离去。

可又有谁看过它的背面？

我喜欢在夕阳西下的时候，走在每一条大街小巷，看着穿梭的人流，听到他们议论着晚上去哪里吃饭，买的衣服好不好看，哪里的房子又涨价了。公车上挤满了人，有刚工作的白领，有穿着校服的学生，有给家里人打着电话的外地客。那时候的天津，不是出现在报纸头条的工业新贵，不是印在旅行杂志上的渤海明珠，不是正史抑或野史中的皇族后花园，它只是生活在这里的人们，可以依靠的家。

那样的天津，原来如此让人眷恋。我看着我的朋友们散落在世界各地，却无时无刻不惦念着家乡，往往是刚刚离开就计划着回来。

我一直不知道这座城市之于我的到底是什么。直到我看到诺贝尔文学奖获得者奥尔罕 · 帕慕克先生的《伊斯坦布尔》。有那么将近一个月的时间，我每天清晨带着这本书去附近的公园，坐在长椅上静静地阅读。他写伊斯坦布尔的清真寺、大教堂和广场，他写穿城而过的街巷，他写博斯普鲁斯的船只，那些都好像是他身体的一部分，刻在骨子里，流淌在血液里，只有在伊斯坦布尔，他才是那个奥尔罕 · 帕慕克。那里留着他的童年，他的青春，他的初恋，甚至他全部的美好的回忆。

我终于明白。

这个城市见证了我的人生，我走出的每一步，遇见的每一个人，体味过的每一份心情。我的所有欢笑和喜悦，那些让我不安的后悔的事情，那些出现在我生命里的相遇和相别，都被光阴的笔刷刷地写在了这座城市的书页上。只有这座城市，才能原谅和容忍我的一切；也只有这座城市，见过我的疲惫、软弱和丑陋。流逝的光阴把我的一切都刻在那本名叫天津的书里，我失去的一切，也全都在那里得到补偿。

这些年来，天津真是日新月异，它的发展快的有点让人跟不上它前进的步伐。但是我知道，它会愿意为我慢下来，像以前一样听我诉说。不只是我，而是这个城市里的每一个人。那一段段故事变成我们之间的暗号，被永远铭记。

生活推着我不断前行，那支光阴的笔也必将为天津添上更多缤纷的色彩，精彩的情节。不论天津怎么变化，它都永远是我的家。不论我以后会去到哪里，我的心都停留在这片故土，片刻未离。

渴望读书的年代

邸士智（甘肃 民勤）

儿时的岁月，最使我怀念的是到处找书看的那些日子。

不论是故事、童话书，亦或连环画册，一旦出现便马上被奉为至宝。冬天，一大堆男娃娃聚集在向阳的校门前，一个人读，其他的就静气地听，听上一遍没听喜欢，还要拿在手里亲自读过，才算看完。尽管大家都非常爱护，但一人一遍读下来，再新的画册也会变毛。操场上放了《洪湖赤卫队》电影，是歌剧，好是好，可说不出好的地方，第三天，魏邦基拿来了《洪湖赤卫队》的画册，看完后我才记住了许多剧中人的名字，也记住了韩英的扮演者王玉珍。

吴相中的爹是地主的后代，原来家道殷裕，爱看书，故此收藏着许多画册，吴相中就成了我们班上的宠儿，为了让他拿画册来看，我们争着套近乎。吴相中放学后铲草，我们就迟回家去帮他拔草，一会儿草筐子就满了；吴相中打扫卫生，同学们就一齐上阵，三下五除二，活就没了；吴相中的写字速度慢，我就替他做作业，我们一齐把吴相中捧得屁颠屁颠的，吴相中也就陆陆续续地把家里的画册拿来供同学们传看。现在想起来，感觉是把吴相中害了，害得他在好好读书的年岁没读好书。现在，吴相中在县城打工，蹬人力三轮车，偶尔相遇，也聊上一阵子，言谈间流露出的是对过去时光的懊悔，叫人心里拔凉拔凉的。

看画册上了瘾，只要是放过的电影，就要想办法找画册看。一次去羊路的姑妈家，恰好放《小花》，就去看了，看完后我哭了，姑妈、我妈问为什么哭，我不说，影片中何翠姑的形象太美好了，最后被丁叔恒打死了，鲜血染红了整条河，我觉得像何翠姑这么好的人不应当死，还有赵小花，也好，傻憨憨的。第二天，我的嘴上开始起泡，泡干了，变成了疤，嘴张不开，饭也无法吃，大夫看了，说是上的火，可又一时间泻不掉火。这样的持续了半月有余，又去舅舅家，在舅舅家的窗台上，有一本破旧的画册，是传真照片的，我一眼就认出了是《小花》，赶紧拿起来看，何翠姑那俊美亲切的面容又再次出现在了我的眼前，好看，真得好看，我一口气看完了她，仿佛嘴上的疤也不那么痛了。第二天，第三天，很神奇地，嘴上的疤开始脱落，母亲感到很奇怪。《小花》的梦一直在我的心上萦绕。再后来，当我的知识面再扩大一些的时候，我找到了《小花》的来源，她是从长篇小说《桐柏英雄》改编而成的。桐柏英雄优美的故事牵引着我，我到了许多许多的地方，认识了许多许多的人，经历了许多许多的事。

县城的新华书店也卖画册，2毛钱或3毛钱，最贵的也不过4毛钱。为了买一本画册，我们想尽了一切办法存钱，最有用的是拾了骨头去卖。为此，上学路，放学路我们总是不走大道，故意曲里拐弯地从人家的庄前屋后走，见到骨头就拾上装到书包里，有时也偷，能搞到一个羊头脑或猪头脑就发财了。用这样的办法，我买下了许多画册，像《茶花女》、《基督山伯爵》、《静静的顿河》、《青年近卫军》、《毕昇》、《大泽乡起义》等，这些画册我看过很多遍，里面的许多情节都烂熟于胸，能开茶场说书。我第一次从法里亚长老的口中知道大多数人的左手写下的字都是一样的，也知道了第二次世界大战，苏联的卫国战争和法西斯，知道我国的毕昇发明的活字印刷术对世界产生了多么大的影响。书店里那个中年男人是个好叔叔，见我去得多了，他说我应该看书，他给我推荐了《伊索寓言》、《安徒生童话》，还让我买了一本两毛一分钱的唐诗选，给我指定了前面的十首诗，说如果我能背下去，下回再来，将白送我一本书。我去了两次，背会了这个叔叔指定的35首诗歌，他送给了一本《高玉宝》，一本改编了的《王子复仇记》，第三次再去时，其他的人说这个叔叔调走了。

书看得多了，就积累了一些词语和一些好听的话语，写作文顺手的时候，我就用进去，老师就说我的作文写得好。毕业走上讲台后，我选择教授语文，在讲课的间隙，我就给学生讲一些中外历史故事，并把一些好的文学名著推荐给学生，学生们也都爱看。如今，在工作的闲暇，我还喜欢写点文章，用文章来表达我的感受，用文章来抒写我的心意。我的教学能够站稳讲台，我的文章能够被人观看，这都得力于那时看过的连环画册。

现在，生活条件好了，精神生活丰富了，新华书店里的书琳琅满目，包罗万象，想看什么就看什么，还有县城里的图书馆，只要花二十块钱办一个借书证，里面的书就可以免费任意看了，即使如此，我却还是经常想起那时冬天太阳墙根下看书的情景，一大堆人，静静地，静静地，还有新华书店中那个叫不上名的叔叔，他引领着我走上了一条喜欢看书的人生之路。

阅读：城市生活的一剂安定

周荣池（江苏 高邮）

我居住的小城高邮很小，很安静。小并不是她安静的必然因素，而是因为小城的生活里有很多深情的文字。阅读这些文字就像是阅读这个城市，让这个相对落后的小城在我的心里保持着她独特的优雅与宁静。小城在京杭运河边上，只是一篇文章里一个逗号，南来北往的水和人，在这里做一个优雅的停顿，一个小城因为文字成就了在这个商贾云集的大动脉上宁静的梦境。

我喜欢从破旧的人民路路口出发，这样可以路过苏轼、秦观等先贤把酒临风的文游台。在这个现在被修缮得气势恢宏的地方，贴了太多的旅游标签，加了太多的现代气息，附着了太多的世俗传说。但这里安息着一个人的魂灵，他的那些凄美的词，把一切浮华洗去，留下最动人的美感：天际识归舟，泛五湖烟月。西子同游，茂草台荒，苎萝村冷起闲愁。（辑录秦观词《望海潮》）秦少游一个“愁”字就足以冷却所有的浮躁，从千年之前传来的忧愁，让这个城市从来不曾失去这种忧愁的气质，不知道安慰了多少迁客骚人。

然后走上充满烟火味道的老街，香喷喷的草炉烧饼，生动的叫卖声充盈在属于人民的路上。走着走着就是竺家巷，汪曾祺故居的铭牌在一处不显眼的地方安放着一段未能回归的乡愁。汪曾祺，这三个字就能给所有的游子一种慰藉，对于故乡，不管是在西南联大读书，还是寓居北京的胡同，总是牵绕在他的梦境里。乡愁不是苍白的呼告，不是孤独的哭泣，是一种带着温度的回味：我很想喝一碗咸菜茨菰汤。我想念家乡的雪。（汪曾祺《咸菜茨菰汤》）无需言他，读到这些文字的游子和乡人就会把小城放在自己心里最温暖的地方，然后深沉地热爱她。

从人民路尽头走上运河河堤，被修缮的秦朝古驿道已经看不到历史的沧桑，有的是运河上几千年后长虹卧波一桥通天堑的壮阔。这种壮阔并未见得半点的浮躁，那风似乎还是秦朝吹来的风，始皇帝所建的邮亭，被岁月洗去了一切实用的价值，留下的只有古色古香的怀念。看着汤汤北去的大水，在体会着历史壮阔的同时，感受到一种庄重。这座因水而名的城市，也因为水承载了太多的苦难。城市在温暖我们生活的同时，也需要更多子民的责任。这让人

想起多少文人墨客在大河上留下的诗篇，其中一首诗是一个外乡人所写，读来却让人感觉到对家园的责任感：淮扬罹水灾，流波常浩浩。龙舰偶经过，一望类洲岛。田亩尽沉沦，舍庐半倾倒。……凛凛夜不寐，忧勤惄如捣。亟图浚治功，拯济须及早。会当复故业，咸令乐怀保。（辑录康熙诗作《高邮湖见居民田庐多在水中，因询其故，恻然念之》）

小城真是幸运，一直被文字宠爱着。作为她的子民，我们在阅读之余歆享着了文字与城市生活同样的优雅与安静。也许这种优雅相比于城市的鲜活显得黯然失色，也许这种安静与当下的灯红酒绿有点格格不入，但是我们可以坚定的是多少朝代前赴后继，活色生香的生活没有了，留下的却是那几行文字的永恒。

阅读，是城市生活的一剂安定。那些最前卫的生活方式，那些最爆炸的新闻信息，那些最雷人的流行趋势尽管改变了我们的生活，但是我们清楚地知道：在我们的内心，总会有一处最高贵的地方留给最美的文字，因为只有文字能让生活获得永恒的宁静。

读万卷书　行万里路

宗晓静（河南　洛阳）

读万卷书，行万里路是我潇洒少年郎的人生梦想。伴随着书中音乐层层迭起巨浪，欣赏着绮丽美好风光，此乃人生一大乐趣。

其实我本孤陋寡闻之人 ，在没有电视电脑可愉悦的年代就只能从书中得到些许安慰。倒一杯茶，品一本书经常是我闲暇时最喜欢做的事。漫漫寒窗数十载间，我曾与安徒生的神奇童话作伴，曾拜读冰心清新的散文，曾有机会与中国四大名著打个照面，到上高中时就已经开始接触到《伦敦的呼喊》和哲学家培根《论人生》之类的著作，书海中乐陶陶，书中自有黄金屋，书中自有前途在，书中自有乐逍遥，我认为读书是生活中一件美事，不仅可以充盈尚贫瘠的知识体系更加陶冶情操，让思想荒凉的沙漠中渗出汩汩清泉，让饱受饥饿的心灵有丰收的喜悦，让我日以思想成熟渐渐长大，只是唯一美中不足的是行的路太少，见得景不多，心胸自然就没那么开阔。虽然书中讲的如此生动有趣，描写的煞是惟妙惟肖，但百闻不如一见呀，调查才有发言权。对洛阳的认识最初是历史书中的了解：洛阳是九朝古都，洛阳曾有被武则天贬谪的牡丹仙子。自那时起我对洛阳这座有着太多神秘感的城市就充满好奇心。我想总有一天我会去拜访这座城市，拜读那部厚厚的书。

也许是冥冥中自有安排，也许是心诚则灵的缘故，我有幸去那里上大学，这一去便是四年呀。初到洛阳，放眼望去尽是斑驳错落的城墙书写着历史的无尽沧桑，一个个摸不到边的街头小巷有小商小贩在穿梭，禁不住心中有些失落，这哪是我书中看到的洛阳，这哪是我朝思暮想的洛阳，陡然生出一种失望。

但我要说实践是检验真理的唯一标准，书中的很多内容都需要我们自己去一一查证，于是乎就有了孟子的尽信书不如无书之说，你读书万卷，你才高八斗，如果没有深刻洞察力没有辨别是非的能力就是死读书，读死书。

于是在大学的闲暇时光，我就开始伙同几个伙伴去游览洛阳的名胜古迹以打发无聊的时光以验证书中情况是否属实。洛阳的名胜景点挺多我只去过有代表意义的白马寺和龙门石窟，之后对它认识有点改变。看到面带肃穆尊荣的大佛，看到袅袅上升的香火，看到佛洞上的残垣断壁，

看到一尊尊神态各异的石雕，一股历史的悠远和凄凉感油然而生，真是昨日之事不可留，今日之事多烦忧，燕王府前之燕早已飞入寻常百姓家，这种感觉远比从书中读到的更深刻更触目惊心。书虽然让我们缩短时空差距有种身临其境的感觉，但亲身体验更是一种充满激情和挑战的事，如此才有了那么多梦想旅游的人，那么多的旅游家探险家。

我感触最深的是洛阳每年一度的牡丹花会，千姿百态的牡丹竞相争奇斗艳，向游客展示自己婀娜的身姿，迈着轻盈的步伐向游客走来。我曾经去看过一次这样盛大的聚会，游客络绎不绝，赞美声声迭起，牡丹花之富贵者也，莲花之君子者也，看到一簇簇盛装簇拥的牡丹我想到了这句诗。另外还有代表洛阳悠久历史文化的庙会也是精彩纷呈，有洛阳市民的传统曲目表演原汁原味难以用语言形容，和牡丹花会一起重拳出击向你我充分展示洛阳的民俗文化悠久历史，耳听为虚眼见为实，有机会还是自己来看吧。

洛阳这座夹杂着历史的尘封和新型工业异常迅猛发展的城市，在水与火的碰撞中成长，从它的一草一木，从洛阳饱经风霜袭击的老人脸上沟沟壑壑的皱纹，读出了世事的变化无常，人生的潮起潮落，生活的假假真真，这些绝不是仅凭书就能体悟的，仅凭书就能破解的，仅凭书就能描绘的。

这些都是我在洛阳的真实经历，无需参考任何的资料。我想书的确能启迪人的思想，尤其是自己走投无路时，一本激励大师卡耐基的《成功学》曾照亮过无数迷茫人的前行之路，但有的人喜欢在游历中排遣郁闷，那就去游览祖国的大好河山吧，让巍峨的高山，广阔的大海给你前进的力量，抚平你的伤痕累累。回想起曾经在过的那座城市留下过你奋斗的足迹，留下过你的艰辛不易，留下过你的汗水泪水，这本身就是一部你的成长史，一本充满生活智慧的书。

读万卷书，行万里路只要竭尽全力我想不难实现，每个人不可能一生总在一座城市逗留，不可能对你在过的城市没有感觉，那么在这期间读出心中所领悟集成生命的作品吧，那将永远值得珍藏和纪念，是我们人生中一笔不可多得的财富。在这纷繁嘈杂的人世间，我们要试着用书时刻涤荡心灵中的污点，用我们走过的每座城市见证自己的成长，用一种波澜不惊的心态去追求人生，追求人生的梦想亦足已。

读万卷书，行万里路，积淀人生智慧，品尝生活苦乐。让生活不再单调，让人生不再灰暗，为了生活的精彩，为了人生的价值，为了明天更美好我们加油，加油，加油！

苏州是一座书城，我是其中一本书

唐亮（江苏 苏州）

一个喜爱书的人，生在苏州是很幸运的，因为苏州本身就是一本书，她不但是一本历史书，2500年的历史，书写出了一本厚重的沧桑史；而且她也是一本小说书，冯梦龙的《三言》写尽了“明朝那些事儿”；《红楼梦》中也留下了苏州的点点遗迹；还有清代的曾朴、民国的周瘦鹃、程小青；当代的陆文夫、范小青、荆歌、朱文颖等等，苏州的土壤滋生了无数的文学家，使苏州的人文气息具有独特的韵味。我生在苏州，长在苏州，然而我觉得苏州更像是一本散文书，从这本书中，能够读出车前子《中国后花园》

中的民俗风情，那些东西渗透进了我的血脉中，融进了我的日常生活中；这本书中还能品尝到陶文瑜的《苏式滋味》，这种滋味只有苏州人才能感受得到她的意味。一个馄饨摊、一碗苏式面；茶馆里飘出的评弹音，小巷里传出的童谣，那一切都能勾起缕缕情丝，拨动人的心弦；这本书还能让人认识到吕锦华的《小巷女子》，那邻家的小妹、隔壁的阿姨、还有坐在巷口晒太阳的好婆，她们的情温暖了一个又一个人，她们的爱，哺养了一代又一代人。当然这本书还能读到王稼句的《苏州山水》；还能读到……

在这样一个可以阅读的城市中生活，还能不对书喜爱吗？一本本的书，就像是一块块的基石，铺设着我的人生道路，使之不断地向前延伸。从童年时代的连环画，到少年时代的小说书，到青年时代的散文随笔，到中年时代的历史文化书，对每一个作家，每一本书的喜爱，成为了我成长的一个标志，因此我的成长是和书相连的。我不断地吸取书中的营养，同时我不断地通过写作表达着我对书的感悟。书成为我认识世界、认识人生的桥梁。

我的读书已经成为了一种习惯，成为了我生活中不可缺少的一部分，甚至已经超越了“读书”的范畴，而完全成了一种“汲取”。我读书不在乎书中讲了一个什么故事，书的结构情节如何，我能从这本书中得到些什么才是最重要的，得到越多，这本书对我来说就越好。所以我喜欢逛书店，特别是古旧书店，在上世纪 80 年代时，我就从旧书店淘到了许多“外国文学名著丛书”，它成为我藏书的一部分，而现在我几乎每个月都要去那里，因为有许多并不时尚的书，甚至被打折处理的书，其实恰恰是最有价值的书，

如《李国文说唐》、《字源谈趣》、《中华句典》、《俗语图说》等等，从这些书得到的不仅仅是知识，而是知识的渊源。

人的生命是有限的，但书是无限的，因此要在有限的生命里尽可能地读到好书，这就需要学会选择，好书不一定实用，但是好书就能给人一种品位、一种个性、一种风格、一种精神，就像一座好的城市，并不一定要繁华，但她一定是需要充满人文精神的。

苏州是一座书城，我是其中的一本书，虽然是一本平凡的书，但我要在这本书中写下我的人生。

旧书堆里品好书

庞玉生（山西 太原）

每到周末，我总要到太原南宫书市转一圈。十来年了，一直乐此不疲。除了这里能买到我喜爱的《藏书报》外，主要的是能碰到些让你意想不到的惊喜，比如，在一堆一块钱或二块钱的旧书里，我找见了著名诗人叶延滨先生给蔡润田先生的签名本《不悔》，小开本，定价二毛钱，贺敬之先生还为这套《袖珍诗丛 · 青年诗辑》作了序，迄今已快三十年的光阴了。在一堆沾满尘土的旧书里，我又翻出了著名作家阎连科先生给著名评论家阎晶明先生《坚硬如水》的签名本。这本入选长江文艺出版社“九头鸟长篇小说文库”的小说，也已经有十年的在世时光了。读着这些有作家亲笔手迹的书，总感觉和在书店里买到的书不一样。

慢慢的，我也开始练笔了，一篇，二篇，从山西，再到北京、上海，散文，小说，书评，几年下来，竟也有一两百篇文章发表，虽然不足以传世，却可聊以自慰和打发闲来无事的日子。

《藏书报》是一张专门刊登旧书信息的报纸，过去叫《旧书信息报》，杨晨是太原地区的总代理，后来报纸名字改了，卖报的人也变了。因有一段时间我没去南宫书市，后来去了，找杨晨怎么也找不见，只好到一位老人跟前买。一问，才知老人就是杨晨的妈妈，老人告诉我，杨晨已在一个月前得病去世了。因为杨晨爱书，他生前集聚存留下的那些书和报纸，卖给收破烂的又卖不了几个钱，他的母亲和妻子就在南宫书市租了个摊位来卖。看着老人，总让我想起戴着眼镜的杨晨。每次走过老人的书摊，我都要和老人说上几句话，买老人一些书，好给她增加些收入。老人告诉我，她的媳妇改卖扑克牌了。我想，多种经营应该比单一操作效果更好些。看着老人，我总觉得有些莫名的悲凉，并对书市上的卖书人多了一份敬重。

太原解放路胜利街一、二路电车站牌的旁边，曾有一家旧书店，也是我过去常去的一个地方。店主人是一个40岁左右的女人，我的许多好书都是从她这里买来的。开始她很好说话，一本书二块钱三块钱就可买下，后来，就变得不好说话了，一本很薄的书也要七八块，甚至几十块钱。拿过我挑好的书时，她总要很在行的翻一翻，然后说，这都是四九年出版的书，便宜给你，四十块钱，不多吧？我

二话不说，掏钱走人。每次她说定的价钱，我基本上都不还口。一本油印的《阎锡山统治山西罪恶史》（下册），而且还是初稿，就要问我要 180 元，这使我心里很不是滋味，但又不能把话说得太重，惹她反感了我，我只好说，先给我放一放，有了钱我再来拿。她说，那你先付一百块钱的押金。见我没掏钱，她说，有人要我可就卖了。两个星期后，我去了，书还在那儿放着，最后 120 块钱才买下。但卫俊秀先生的签名本《鲁迅〈野草〉探索》，我在她那儿只花了 5 块钱，当时，内心的窃喜是用任何语言都形容不出来的。

去年，街道拓宽改造，女人的旧书店就不知去了哪里，我曾经向人打听过好几回也不得而知，这使我感到很伤心。因为我再也不能在她那里买自己喜欢的书了。

除了这些可以买到旧书的地方，我还去的一个地方是解放路上山西古籍书店旁边的那个特价书店。书一律半价，而且少见盗版书，所以颇得爱书人的青睐。墙壁上还剪贴了韩石山先生写特价书店的文章，看来他也是这里的常客。

十几年前，太原有四十多家规模不等的旧书店，现在，据说已经所剩无几了。有的是因为房屋拆迁，没办法才关门闭户，有的因为旧书的来源越来越少，只好改卖其他。不管怎样，我还是爱到旧书店和旧书摊上看书。比起装饰豪华的大型图书卖场，我更喜欢旧书店和旧书摊的书香气息，那种味道，犹如陈年的老酒，时间越长，味道越醇。发黄薄脆的纸页，似藏了许多的秘密，我小心谨慎一页页的翻动着，感觉过往历史扑面而来，让我不知不觉沉醉其中，而我的阅读人生，就是这样一天一天变得充实起来的。

一条河，一本书，一碗面的城市——梦里的故乡

张文博（甘肃 兰州）

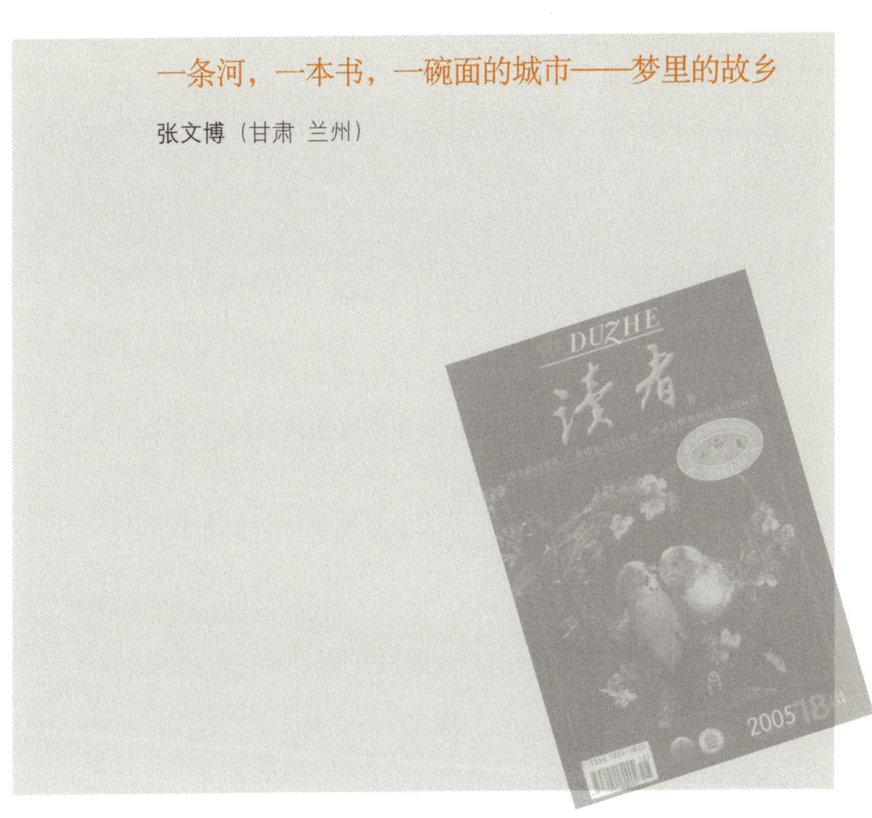

二十未出头之前，我时常徘徊在故乡——山村。

那时候，我一门心思的只有一个浅浅的不知缘由的梦想——考大学。一段时间，默默地沉浸在愁眉不展的费解中，给我一种很负面的感觉：宁愿舍弃读书跃龙门，在家帮父母种田打杂活。因为父母的艰辛闪烁在我的脑海里，却深深地击痛在我的心里。岂止是这些，当一种触目惊心的外观知觉直叩心扉时，我意识到了作为儿女的不孝，母亲的头顶渐渐地开满雪白的“冰窗花”，父亲的肤色甚是黝黑堪比脚下的柏油马路，两个佝偻的背影与黎明拂晓，与日月

交相辉映，他们的造型就像永远的定格在附有黄土地、骄阳和碧空的生灵活现的自然画中。那一刻让我明白了很多，感觉到了生活的沉重，生活的艰辛。

村里来了文化人，他们脚步轻盈，来也辉煌，去也潇洒，母亲常常指着他们的背影说："孩子，你要好好读书！以后就可以像他们一样，做个有文化的人。"知道母亲的话里有话，也是对我寄予厚望，继而心里的犹豫如同石击水面的涟漪，起伏不定。那晚，听着父母的困倦和甘甜入睡，我辗转反侧，思绪胜如白日，心里不停叨念着："如果继续读书了，父母还要一如既往的起早贪黑为儿奔波；如果继续读书了，父母一定会给予我更多的厚望；如果继续读书了，父母又不知会老下多少……"念着念着，泪水渐渐地涌满了双眼。

载着父母巨额代价，我真正开始了漫长的读书生涯，每天遨游在数理化的世界里，寻找着智慧碰撞的火花；在汉语英文的境域里，将点点滴滴收藏在大脑的硬盘。携手哲学《论语》里"学而时习之，不亦说乎"，乐在其中，犹若一度收获着阴霾后的晴空。

2005年，如我和家人所愿，考入了甘肃省一所重点院校，从此，便涉足人生的第二故乡。这里流淌过一条河——黄河，此处也是俗称唯一一座有黄河穿过的城市；这里有着享誉各类杂志期刊领域的哲书——《读者》，也是教我明理的一道航标；这里有着闻名天下的美食——牛肉面，牛骨煎熬的清汤，均匀的拉面，伴以油绿的香菜和烫红的辣椒油，更是胜美。闲暇之余，借阅《读者》，其中《在北大"吃书"的日子》、《生命太短暂，不能空手而过》、《城

市的烛光》、《人，应该赶快活着》一篇篇精短妙文深刻指导了我思想，使我对大城市的繁荣和喧哗，处之坦然，顺之自然，引领我的大学人生不偏不离慷慨激昂地走上康庄大道。

四年的学习生活，还在继续的研究生生涯，使我懂得了如何珍惜这来之不易的机会！而这一切毫无疑问得利于国家的助学贷款，学校对我桃李一般的熏陶和栽培，故乡对我的哺乳养育。一本《读者》，寄托了我浓浓的乡愁，激发了我对乡土情节的留恋。我的乡里乡亲，我的衣食父母，我的黄土地，我憧憬的梦想就在此绵延。

是的，我会依依不舍这个古老美丽的城市——兰州，我也会像其他人一样不愿意离开第二故乡，这里有着惹人眼的繁华都市，有着快捷便利的交通，有着风情迷人的黄河湾，有着身处异地叩人心扉的哲书——《读者》，有着飘香整个城市大街小巷的牛肉面……仅此我愿意将它当做一个美丽的梦，梦中我来过人生的第二故乡，梦中我喜欢上了这个美丽的城市，梦中我感受到了什么是天堂。

南京，报亭的读书方式

樊丽燕（江苏 南京）

如果说要我选择一个适宜阅读的城市，我想我会去南京。不是说我偏爱这个城市，实在是这个不大的城市藏匿着无数让人阅读的冲动。

南京的每一条街上相隔不远就会有一个小小的书报亭。坐在里面的常常是中年人，捧着一本杂志，一份报纸，一页一页仔细地翻看。除非你告诉他（她），你需要某某杂志或者报纸，否则他会这么一直读下去。我常想，如果天空淅淅沥沥地飘着雨，没有人打扰，我会不会端起一台相机，记录下这因阅读而凝固的时间？从心底里，我向往着这样的瞬间，甚至对这照片中的主角嫉妒起来，在心底里这样地问自己：“我能不能这样诗意地栖居？”

毕业一年，从南京到长春，走遍了小半个中国，没有哪个城市像南京一样有这么密集的报亭。南京人喜欢在等公交的时候买一份报纸，倚在广告牌旁，短暂地与世隔绝，从文字了解生活的世界，在他们心里阅读就是这么自然而然的习惯。尽管随着手机的普及，越来越多的年轻人喜欢上了手机阅读，但是没有办法否认，站在报亭前，面对那么多密密麻麻的铅字自然而然就有了阅读的冲动。

报亭带来的阅读完全是即兴的，随意的，甚至是散漫的。不需要安静的书房，不需要安适的座椅，不需要严谨的态度。如果你愿意，可以在湖南路的某个凳子上，可以在玄武湖粼粼的波光里，也可以在鼓楼的暮色里，顺眼顺心地看上《扬子晚报》上的一条新闻，《读者》上的一篇散文，《南方周末》上一篇犀利的评论。

在南京打的，司机有时候会询问你：我能不能在前面的报亭买本杂志或者报纸？说实话，每次我觉得我完全没有勇气去拒绝这个请求。这个请求连你自己都觉得多了一份感动，一份对阅读的感动，一份从心底里对文字的敬畏。南京的司机在车上似乎不习惯天南海北的侃大山，只是在车里放着一份报纸。有兴趣，你可以拿出来看看，了解了解南京，了解了解南京的性格。

有时候报亭就像你在你的世界一个小小的约定，一个短暂的逗号，再怎么行色匆匆，给自己的精神歇歇脚，喝口凉茶，继续前行，紧张而不紧急，放松而不慵懒。每翻动一次纸张，即便是车水马龙的闹市，仿佛都听见纸张滑过空气的声音，那声音仿佛是每个文字细细碎碎的呼喊，更像是来自心底里的最原始的冲动。黑色是阅读的底色，最淳朴的底色构出的却是千姿百态，宁静致远，花开岁月，岁月静好。

记得大三的时候，南京下大雨，学校门口的水淹到了膝盖。当我从天桥上过去的时候，看到学校旁边报亭的老板站在自己的报亭前朝我挥挥手，并示意我水已经淹到亭子里，报纸杂志湿了好多。等到水退去的时候，老板把浸湿的杂志全都晾了起来，告诉我说："没事，字都还在。"

城与书：上海

一座大海般的城市，一本读不完的书

东方之虹

王成梁（上海）

从我呱呱坠地的那一刻起便注定了我与她有不解的渊源。父亲是顶替到上海来的，我很庆幸出生在如此繁华的城市。十几年来我几乎没有离开过她，她的一颦一笑都是如此的难以忘记。

人们印象最深的石库门，我是没有太多的记忆。我懂事的时候，几乎只能在电视里见到那些承载着城市记忆的建筑。它们为上海人遮风挡雨了一辈子，最终只剩下这几个“幸存者”了。

那些古老的房屋在我还未出生时就慢慢退出人们的视

线，与我最有缘分的当属徐浦大桥，父母说：就是因为给我取名时，有徐浦大桥将在旧宅附近动工的消息，我的名中才有了“梁”字。徐浦大桥还未正式通车时父亲骑车载着我上桥浏览浦江，江风的清爽使得陈旧记忆依然清晰。

想把所见的画下来，可是，那时的双手是何等的稚嫩，眼中的色彩即使再鲜艳，也绝不能描绘出万一。想写下来，当初甚至连“徐浦”两字都不会写。从此以后，想要亲手为这个城市写一篇文章就成了我的追求。描述自己心爱的对象，不论是人是地，是多么为难的一个差事，我不敢下笔，不知从何写起，我怕写坏了她，怕说得不好辜负了她。

小学时，由于老师的推荐知道了朱自清，那时起便沉浸于他的抒情散文。《背影》中刻画的父亲形象是天底下所有父亲的缩影，小时都觉得自己的父母有些愚，长大后看到父母的背影都会有股想流泪的冲动。上海的孩子更多的是独生子女，娇生惯养，或许《背影》能让我们更深切地体会父母的真情与爱护。《冬天》里弟兄几个围坐在桌旁，等着父亲从洋炉子里夹白水豆腐的场景百看不厌，越看心中越发温暖。之后也接触到了徐志摩、冰心、郭沫若、巴金等名家作品，他们的风格影响着我们。我们的思想和他们的发生了冲撞，起了反应，最终形成一种新的，能够容纳进当今社会的思想。文学在上个世纪得到了迅速地发展，科学界也丝毫不逊色，从牛顿、爱因斯坦之后又有了一位天才物理学家。霍金的《时间简史》用妇孺皆知的、由难化简的方法阐述了我们所生活的宇宙中一些极其复杂的现象及成因，试图解释每一个人从何而来，为何来此的原因。这本书能够在众多科学著作中脱颖而出是因为人们都想知道自己为什么会出现在这

里，人人都对自己生活的世界感到好奇。虽然这书的真谛是不可能被大多数人所理解的，但是这本书的诞生激发了无数天文、物理爱好者的兴趣，他们中必定有人会为这个世界作出巨大的贡献。

有时候上海人忙得的确有些过头。天上星斗满天，地上柳枝条条，水中波光荡漾，都不关自己的事，懒的抬下眼皮。谁有耐心看星星闪烁，柳条摇摆，水波粼粼，事情都忙不过来呢。假使能够有一席绿地坐，看一卷喜欢的书，是何等的惬意。

我的“空中躺椅”

刘保法（上海）

每次给孩子讲课，我都会提到它；每次乔迁新居，我都会带上它，并且把它放在书橱最显眼的地方，以便随时翻阅。它，就是世界儿童文学名著《吹牛大王历险记》。

说来好笑，我最早阅读这本书，竟然是在我的“空中躺椅”上。

所谓“空中躺椅”，其实只是用树枝搭建而成，因为搭建在一棵高高的老榆树上，被浓浓绿叶隐蔽着，躺在上面具有别样的宁静和惬意，所以我把它称之为我的“空中躺椅”。那时候，我正迷恋于种桃树。听说老家真如一带是上

一个从乡村到城市的梦

乔聿真（上海）

这是一个梦，梦里总萦绕着我的乡村。虽然出生于城里，但自小我便爱着农村，喜欢聆听不知名的小鸟在竹林歌唱清晨；喜欢那金黄的麦浪在田野追着秋风一起奔跑；喜欢感受丝丝暖风在傍晚带来的惬意与温馨。

这里有我的童年。我的童年就在这样静谧的岁月里，随着那清澈粼粼的小溪缓缓流淌，这种舒缓，浸透了我童稚未脱的时光。记忆里，这里永远是大得走不完的……

仿佛梦乍醒一般，忽地，婉转的鸟鸣听不见了，起伏的麦浪永远消失了，唯有暖暖的晚风，依然拨弄着我的衣襟。这才明白，记忆中的乡村已成明日黄花。如今梦已醒，而魂归何处？

看着那川流不息的车流，看着那行色匆匆的路人，我不敢相信十七个春秋寒暑，一晃而过。春去冬来，太多记忆里很难再找到上个季节的颜色了。不过好在急剧变化里的风景还是这般美丽，甚或更加令人倾心。

又到了桃花盛开的时节。走过一条条依然蜿蜒的“水路”,这里曾舟楫拥塞,此起彼伏的喧闹如在耳畔。两岸人家，夕阳西下时青烟袅袅的情景，也恍若还在眼前。小河流过每家人家的门口，主妇们或淘米、或洗衣、或说笑……而现在，两边高楼林立，遮天蔽日，商业繁忙，车流滚滚。只有些许边远角落，杂草丛生，只见几片零碎的砖瓦静静躺着。欣喜看到，那颗童年时种的柳树，虽已光秃秃地没了枝叶，底下一圈斧凿的痕迹竟还留存至今。

十七年的一分一秒，让我的乡村沧海变桑田；十七年的一点一滴，伴随我从童年走向青年。《百年上海滩》里，巨变在这里演绎，它的名字叫“上海”。

仿佛刹那间，周遭拥挤了很多，他们是巨变的主人，来自天南地北，他们创造了一个新世界，新的冒险天堂。似乎是一瞬间，街代替了河，车替代了船。曾几何时，一群靠体力的人力车夫穿梭在街头巷尾，车上载过一个艰苦的繁荣，也才过了我那乡村的梦，就这样到了改革开放，他们成了地地道道的上海人，成了这座城市真正的主人。这还不算，他们靠着智慧和勤劳，创造出了享誉世界的海派文化。伴随了一波又一波的人口迁入，上海已不再是昔日的渔村，她正以她那鲜明的个性缔造着一个国家的金融中心、贸易中心。如今，她正向着国际化大都市坚挺迈进，这是一个新的梦，一个从乡村到城市的梦。

翻看百年的宠辱哀乐，历史放不下厚重的脚步。

透过这本历史，看百年上海，曾历经沧桑。多少载风雨兼程里，她的土地，她的甘冽，滋润了一代又一代的上海人。

余秋雨《文化苦旅》里有一篇《家住龙华》，那是两位有所建树的历史学家，接连在龙华辞世。他们生于斯，卒于斯，最终葬于斯。寻根问祖，他俩哪个祖籍不是在千里之外？但若他们现在真能回答，相信他们都会说自己是“上海人”而引以为骄傲。

上海，这是一座“三进三出”的城市，有着太多传奇难以完全倾诉。透过历史的尘封，小心剥离一层层阻隔了多少岁月的瓣膜，这一部《百年上海滩》里，尽显上海这座沧桑却又年轻、充满朝气的城市的高贵气质。

现在，这是我爱的城市，她从我爱的乡村脱胎换骨而来。这是一部属于她的，却有着我们太多不曾忘却的历史。在她从小小渔村到如今的经济中心，除了得天独厚的自身条件外，还有她不管世事变迁，上海都与来自各地的人们心连心、手牵手，一步步奋勇向前的海纳百川、开放包容的城市精神。

城市，让生活更美好。

万楼城上豁双眸

何小颜（上海）

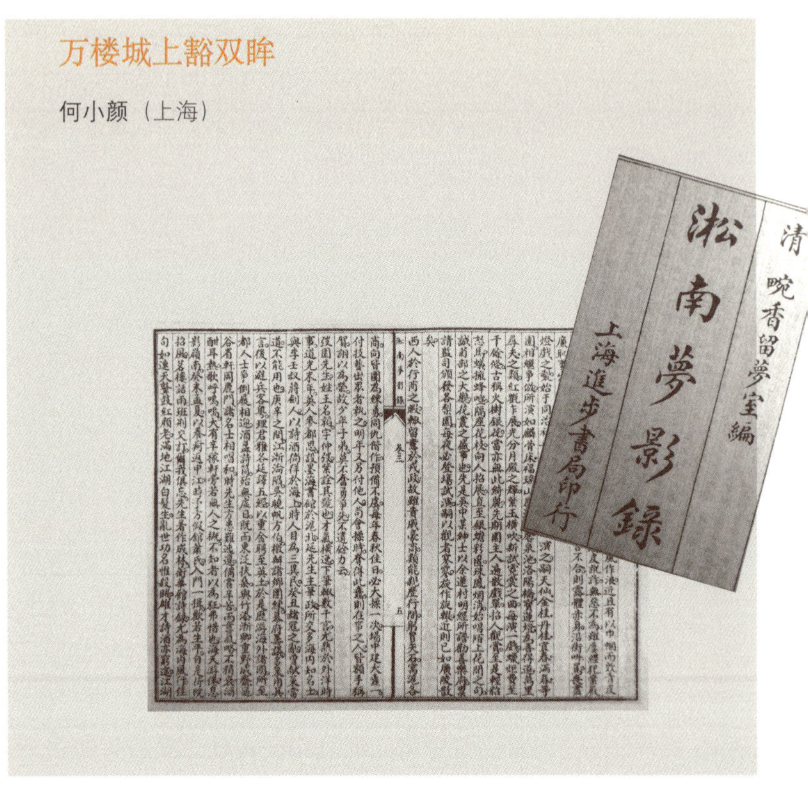

约在二十年前，值书界名家洪丕谟先生由上海老房乔迁新居不久，为他一部著作的出版事宜，做编辑工作的我如约登门拜访。乘电梯直上，颇讶其寓之高，在十四层。想来先生亦有特殊体验，故新命其斋名为“百尺楼”，算一算，每层近八尺，恰百尺有余，可谓名至实归。

如今，上海高楼林立，形态各异，光怪陆离，蔚为大观，已成为城市的一张名片。而自己，也于十年前搬到二十多层的高楼上居住。我无恐高症，选此层面，是听说空气污染常常积淀在高楼十层上下的位置，因此躲避的招数就是腾云驾雾，高高在上了。

后来庆幸这个选择是对的，倒不全在空气的考虑。比如说，几个夏季住下来，无需纱窗，只蚊未遇，此即为大优点。至于凭栏放眼，那种无遮无碍可极目远眺的感受，的确是茅椽瓦舍品味不到的境界，不仅俯察一览众物小，而且仰观好似上接青天，那苍狗白云正迎面扑向窗台，不由让人想起李白的诗：“不敢高声语，恐惊天上人！”

记得2001年上海APEC会议的烟火之夜，隆隆的响声把我引到后窗去，在朵朵灿烂的礼花下面，有个尖尖的东西，仔细打量，才知原来就是东方明珠塔！僻居西区，本以为是看不到浦东这座1994年竣工、高468米、时为亚洲第一、世界第三高塔的，这下可是新发现。

浦东陆家嘴曾有报道称平均每隔九天就有一幢三十层的楼盘竣工，其速度着实惊人，给人一种一簇簇蘑菇冒出来的联想。这个联想并不坏，蘑菇多长于腐土朽木之上，建设不就是化腐朽为神奇么！

可待追忆的是，百多年前，上海也曾掀起过造楼房的浪潮。那是在鸦片战争后，殖民势力入侵，上海出现了租界，而随着近代工业的兴起，民族资本也在形成壮大，于是，洋人在租界大造洋楼，国人发迹者亦为光大门庭，不惜花巨资建房筑室，搞得这一行当极为兴旺。

鄙人书架藏有一部竖排影印本《淞南梦影录》，作者署名畹香留梦室主，即黄协埙，上海南汇人，曾长期任《申报》总编纂，该书付梓于1883年，专述上海社会风貌。书中记云，那年代“建造房屋，俱有匠头包揽。所谓匠头，居必大厦，出必安车，俨然世家大族，而千百匠人俱归其统属”。他们

分成造华人屋宇的“本帮”和造洋楼的“红帮”。（见卷一）那些其实都是由中国劳工建造出来的西式高楼曾给国人以惊奇，当时有《望江南》词叹道：“申江好，高爽指洋楼。耸出重霄云欲接，洞开八面景全收。四顾豁双眸。”（卷四）点出了高楼的奇特之处。

中国有危楼一词，这“危”只作高耸解。但从其本义及引伸义考究，危与高是一事之两端，所以古有“危乎高哉”的说法。美国“9·11”事件发生后，引发世人对建造高楼的反思，它们的安全性受到拷问。世贸大厦的轰然倒下，给人心底里留下了高楼的阴影。

人们还质疑高楼引发的城市地面沉降、热岛效应、玻璃幕墙光污染、鱼缸式建筑的封闭综合征等。但反驳也颇有力，如说摩天楼与低层建筑相比是更为理想的绿色方案，因高楼能缓解土地紧张，在同样的一块地皮上，可容纳更多的人口，人均居住空间更大，马路更为宽敞，并可增加绿地面积、降低环境温度……争议在继续中。

“长风万里送秋雁，对此可以酣高楼”。登高临远，目送手挥，高楼自有其诱人的胜境与合理的需求，否则上海绝不会在近数十年间高楼猛增。据资料，2005 年高层建筑已达上万；2008 年超过 100 米以上的建筑 400 多栋，成为全球高楼建筑数量第一的城市。是耶非耶，则非我门外汉所能遽断。

上海，人称万楼博览会，诚非虚也！

上海故事

李霞（上海）

出生在上海，2 岁离开，十几年之后又像一粒种子般飘回这片土地，并从此落地生根。

对这座城市的记忆从想象开始。家人的描述，是铅笔淡淡的白描，倒是那么多关于上海的故事最终变成了脑海中的五光十色、生动丰富的上海印象。

曾经的十里洋场，所谓冒险家的乐园，纸醉金迷灯红酒绿，那是新感觉派中的小说展现。穆时英、刘呐鸥在《都市风景线》、《上海的狐步舞》中，尽情描摹着 30 年代夜上海的光怪陆离，上海都市生活的现代性以及都市人灵魂的喧哗和骚动，如同默片一般，随着一个个蒙太奇镜头被推到读者眼前，有声有色，栩栩如生。

不同于新感觉派笔下上海都市色彩的瞬息万变，张爱玲的女性视角更贴近这座城市市声鼎沸的日常生活。她与上海是知根知底的亲。上海的公寓、洋房、电车、小贩、通俗小报都是她笔下的素材，她聚焦彼时上海日常性的生活空间，书写着十里洋场浮华背后的小市民的可怜窘态以及“独异智慧”，一种挣扎压抑后的病态美独具别样风情。

从《纪实与虚构》、《长恨歌》、《妹头》到《富萍》，王安忆一直致力于记录历史变迁中上海的城市气质与市民精神。《长恨歌》与其说是王琦瑶的故事，不如说是上海的故事，她循着记忆中历史变迁的蛛丝马迹，凭丰富的想象力，演绎出上海的风华绝代、上海的兴衰沉浮、上海的琐碎精细……

“每一日都是柴米油盐，勤勤恳恳地过着，没一点非分之想，猛然间一回头，却成了传奇。”

人们反复追忆着那个悄然逝去的上海传奇，老上海的种种格调在物质丰富却精神粗糙的今日被顶礼膜拜，程乃珊的《上海 Lady》、《上海 FASHION》、《上海探戈》系列作品以老公馆为依托，以老故事为中心，以一个个实在人物为对象，还原他们的生活，展示出上海老底子的文化生态，包括人的生活方式及思维方式的独特魅力。

其实这个城市没有时间关注过去的繁华身世，她只是努力向前走。

上个世纪的传奇已经结束，新时代的上海继续以令世人惊奇的速度日新月异，而这次幸甚，我也躬逢其中。亲

眼目睹这个城市的风貌、人的素质和精神气质的不断进步，像个旅行者般对城市新空间新格局的恢弘壮观啧啧称奇，可是面对迷人的新上海我却发现，新背景下鲜有讲得好的新故事，人们似乎还是沉湎于旧传奇中不能自拔。

曾经在他城想象上海，借着众多的“上海故事”触摸上海，真的来了，并在此生活了十六年后又恍恍惚惚，“老故事”与“新情节”相互叠印，如梦如幻的“上海故事”似乎只是文本上的迷离旧梦。

遗憾自己不能成为上海故事的讲述者，只是作为一个阅读者，祈愿能有越来越多的经典，记录下上海这个城市正在发生的历史性变迁。

祈愿上海的故事能越讲越精彩。

祈愿上海的今天会再次变成后来者眼中值得再三回味的传奇！

上海的弄堂

沈瑜佳（上海）

曾经看过很多关于上海、北京街巷的照片，大多是黑白的。北京的胡同是很锐利的黑和白，好像生生的阳光刺痛了人眼；相对于这种影像的孤单深刻，上海的镜头就柔和了很多，不那么分明的，以白为黑，以黑为白，连续的里弄建筑的立面纠缠着层叠的悬挂物，平庸而丰富，显得无比细碎和寂寥。

王安忆、程乃珊、陈丹燕……上海的弄堂孕育了一批又一批的文人。他们用手中的笔描绘着上海的老弄堂，诉说着上海的文化。

《上海的弄堂》，那是陈丹燕对弄堂生活情趣的赞赏；《长恨歌》，那是王安忆对上海弄堂、种种风情的解读；《弄堂生意古今谈》，那是鲁迅先生对20年代弄堂中叫卖声的回忆。

弄堂，上海特有的民居形式，曾与千千万万的上海市民的生活紧密相联。可以说，没有弄堂，就没有今日的上海，更没有那昔日辉煌的上海。

上海的弄堂曾是多少名人的“汇合点”。无论是商贾巨富还是文化艺术界的名人都选择此地居住，不少弄堂是名人故居。淮海坊正是个典型的例子。淮海坊42号是著名科学家竺可桢的住所，64号曾经是许广平的寓所。《鲁迅全集》也正是在这里开始筹备、编辑、出版的。著名文学家叶圣陶，一代画师徐悲鸿都曾在此居住过。以浪漫才情闻名的徐志摩则住在离此不远的南昌路，万宜坊中有著名作家丁玲的寓所，还有保留至今的邹韬奋故居。

田子坊，也是个不错的感受上海文化的场所。凡到过那里的人都会被石库门小店里涌动的创意灵感、创意思想，激动得思绪万千，也会被店主们独特的创意人生扣动心弦。走到弄堂口，就被美国陶艺师杰米工作室的外墙设计吸引，粉红外墙上贴满白色陶瓷小人头。

霞飞路，也许你有点陌生吧。但说到淮海路，你一定很了解。江南健儿的《新上海》中曾描述霞飞路为上海最美丽、最有味道的街巷。尤其是早晚漫步于霞飞路中，欣赏着临街而设的大小店铺，这种美愈加强烈。路旁，俄罗斯老人提着装满篮子的鲜花向行人兜售，卖菜的太太们三三两两的走在路上。茂密的行道树上沾满了露珠，汽车在平坦的柏油马路上轻轻滑过。吴强在《祝福你，淮海路！》中说道，“淮海路有着她的特色，‘闹中有静，俗不伤雅，它不迷人，自有迷人处’。”

如今的弄堂随着改革的号角逐渐减少，弄堂留给我们的印象更多的来源于书，来源于大人的叙述。它，离我们愈来愈远，然而，它的美留在我们心间。

我想，要读懂上海的历史文化，就应从这些经历了一个世纪之久的弄堂、石库门建筑开始吧。

吾心安处即吾家

张琛（上海）

繁华尽处的江南小城是我的故乡。

小时候，我枕着千年而下的运河水，学着千年而上的唐诗。

关于江南，诗句中不乏美好的描绘，譬如“千里莺啼日映红”，譬如“日出江花红胜火，春来江水绿如蓝”。很多诗句当年都是不求甚解，但至少令我明白：江南，是我的故乡，我的故乡，是个好地方。

上世纪 80 年代中后期，小城已经变得颇为现代。很多原本在城市中央纵横交错的河流沟渠都被填成水泥路。去外婆家，妈妈总爱说这一片在她少女时代还是河，那一片还是农田之类。我的童年发端于城市，虽然是个小城，但幼儿园、公园、少年宫、溜冰场、小饭店、牛奶棚、电影院、百货商店等一应俱全。直到现在，我都对城市有种莫名的好感，这一点也直接影响了我的阅读取向。这么多年，我偏爱的始终是城市作家、都市文学。

在我的少年时代，乡土作家在国内依然大行其道。大名鼎鼎的高晓声就出自我的故乡，语文课本里则总有几篇选自赵树理小说的片段。我的课外书却是中国古典文学和清一色的港台作品，我喜欢读那些迥异于我世界的文字。上世纪 90 年代的某天，我在一本杂志上读到介绍张爱玲的文章，之后，张爱玲过世，突然大紫大红，我买了市面上她所有的作品回来看，一发不可收。

在我的世界里，除了故乡、台湾、香港，我知道了，还有上海。

这几个城市中，上海离我的地理位置最近，但最初我对上海的印象是非常模糊的。只听到大人们说，去上海逛街啦，这罐糖果是从上海带回来的，妈妈会指着照片簿里的某张旧照片对我说："喏，这件衣服是我和你爸爸谈恋爱时在上海买的。"等等。张爱玲的书让我对上海有了深刻的感受。我首先是被那些精致华美的描写迷住了。在书中，我知道了凯司令和美琪大剧院，知道了霞飞路和南京路，还知道了顶楼上有溜冰场的公寓房子。也许这辈子我都无法理解路遥《平凡的世界》——后来我一个大学室友说路遥的小说简直是她生活的翻版，却在中学时代自以为读懂了张爱玲笔下人性的苍茫。

1996年，我随亲戚到上海两日游。我第一次看到黄浦江和东方明珠塔，站在塔下，我立志将来要到上海读大学。当时我并不知道日后我会为了这个志向付出多少代价，但假使时光倒流，我依然会做如此选择。

当我真正生活在上海时，上海早已不是张爱玲的上海。海纳百川，兼收并蓄。上海每天都是新的，变化着的。不变的是当年远东第一大都市的气魄和海派城市的精致包容。近年，我陆续去过很多大城市，北京、香港、东京、大阪、曼谷、新加坡……但最喜欢最忘不了的还是上海。

我忘不了这些年在上海的岁月，忘不了上海那一条条被文化浸润过的小路：思南路、多伦路、瑞金路、湖南路、绍兴路……忘不了上海博物馆、上海美术馆、我的母校，我的朋友……时至今日，上海予我的远远不止是大都市的繁华，这世间的繁华原本就大同小异，只是物欲外观，不足为道；上海予我的是精神上的力量。日本作家渡边淳一在《反常识讲座之要住就要住在猥杂的都市》中写道："东京这个大型都会的活力不只来源于众多的人口，栉次鳞比的高楼大厦，或熙熙攘攘的车辆，它还缘自于你可以随意做任何事情的精神自由度。"我欣喜地发现，上海不仅物质方面向国际接轨，在精神气度方面也越来越有包容度。有时在上海的马路上闲逛，我会想起我的校友兼同乡瞿秋白，会想起国母宋庆龄，会想起近现代历史上很多发生在上海的往事……古今多少事，皆付笑谈中。可这些人与事并没有远去，并没有被淡忘，而是融入了这座城市的骨血，继续滋养着后来人，激励着后来人！

海派作家余秋雨说，一个人在异乡，不是迷失自己，就是找到自己。我不知道我是找到还是迷失。我只知道：我之所以是今日之我，离不开我的故乡，更离不开上海。而多年读中国书，写中国字，说中国话，则让我明白，无论天涯海角，骨子里的我，始终是个中国人。只是在上海，让我感到分外踏实。

古人言，吾心安处即吾家。

诚如斯言。

有一段岁月叫成长

周晴（上海）

去绍兴路出版局开会，车子经过陕西南路的时候，我常常会莫名激动，从车窗里伸出头寻找记忆的碎片，看那一路的街景：熟悉的马路，耳熟能详的门牌号码，还有那条弄堂，和弄堂深处的无花果树，一次次在我的眼前闪回，也一次次将我带回到过往的岁月里。

有一次开完会，时间尚早，我溜达着走近那条弄堂，发现，弄堂边的那家幼儿园如今竖着别的牌子，从我眼前消失了。对面的图书馆盖起了高楼，而弄堂里却依然如故，没什么大变化。

只是，这弄堂似乎比以前袖珍了，原来记忆中长长的弄堂变短了，围满冬青树的花园也小了很多，我立在那里，过往的岁月如电影胶片般在我的脑海里晃动，我似乎望见一个小女孩欢快的身影，望见她张大眼睛朝弄堂里张望，望见她背着帆布书包蹦跳地前行，望见她在铺满金黄色梧桐树叶的弄堂走过，手里拿着一个大大的饭盒，脸上漾着自信与快乐……

那个曾经不谙世事的小女孩，曾经在这里度过了她整个的童年和少年时代啊。

我抬起头，朝向那个有阳台的房间——三楼，15 平米，曾经承载了多少属于我的最初的记忆啊！

那个年代，一幢三层楼的花园洋房，可以住下近 10 家人家，热热闹闹的，谁家的房门上都插着钥匙，随时欢迎邻居的来访；一层楼只有一间厕所，因为几家合用，浴缸和马桶总是脏兮兮的，而且始终人来人往，川流不息；还有许多人家围在一起的厨房，傍晚的时光充满了温馨与烟火味，磕磕碰碰和欢声笑语交响乐般每天上演着……

我们那时似乎功课不多，有的是玩耍的时光，花园里，跳橡皮筋的、踢足球的、玩弹子的、躲猫猫的，真正叫不知疲倦；也有的时候，我们会挎着竹篮跟在大人后面去菜场买菜，聚在花园里跟着邻居大妈学结绒线，或者卷起袖口帮大人淘米拣菜、洗碗扫地，学着样板戏唱着“穷人的孩子早当家”……

成长有的时候是那么地不经意，一晃，一个女孩离开了她熟悉的弄堂，开始了截然不同的崭新的生活。

忽然有一天，当我远离那里，需要通过回望来记起时，

我忽然发现曾经走过100次的街道在我的眼前疏离了，那条充满记忆的弄堂，而今全是陌生的面孔，我多想闭起眼睛，重新踏回童年、少年时代熟悉的角落，哪怕停留片刻；我怀着一种非常特别的心情审视着那些日子，也怀念着那些日子。我知道，那些我的过去，我故事里的，我回忆中的，我已经需要回望的从前里，不仅有我的影子，也有我的未来。

我开始害怕，还有一点心疼，那些曾经朝夕相处的日子，要如何才能走近呢？那些最简单不过的往事，再从嘴边说出时，显出了多少的温馨，那些张望的岁月，心中的柔情，还有漫长的午后时光，又能如何留下呢？

我因此有了一些冲动，我想将属于上海的弄堂深处的那一段童年记忆写下来。

我希望它们是特别的，值得记录的。

更重要的是，长大以后，我渐渐明白，我之所以会成为现在的我，那些秉性和性格，那些很多年来保留下来的眼光和习惯，居然都与我的童年生活息息相关。童年的一些遭遇与经验，经历过的人和事，那些快乐或悲伤的故事，在我成长的记忆中沉淀下来，成为我未来生活的一部分，成为我人生哲学的一个基点。

我开始编织我的童年，写属于我的故事：《弄堂女孩》、《黑白照片》、《12 岁的天空》，一次又一次，我不舍得轻易让一个小女生“小小”离开我的视线，离开上海和上海的弄堂时光，我发现我那么珍视她，因为这些故事，让我重回我想念的弄堂，让我找到了过去和现在甚至未来的一条链条，让我找回了那一段属于成长的岁月。

我相信，那些岁月，不仅留下了我成长的足迹和最初的感情，留下了某些刻骨铭心的故事和人，也将留下一些属于一个女孩的成长的足迹和秘密，留下一段与这个城市的发展遥相呼应的丝丝相扣。

我相信，童年时代在弄堂里的那些欢笑与泪水的日子，是我一辈子值得珍惜的财富。

上海，梦幻中的现实

周茉（上海）

八年前，大学毕业，一个不知道是一个偶然还是必然的机会来了上海，从此开始了一个选择一条路的生活。

那时候经常梦幻于外滩风景的宁静、淮海路商业的奢华、衡山路酒吧的优雅。很喜欢背着包，一个人走着，一路走，一路弥漫。也曾经在一个冬天，从徐家汇出发，沿着衡山路，走到淮海路，到达吴江路，晃到外滩滨江大道，满眼的冬景，满心的满足。这或许就是上海的经典，我的执著。

那时候真正爱上了上海。虽然自己还只是一个新上海人，租着房子，无法理解安全感的所在，但是还是疯狂的爱上了这个自由的城市，爱上了这个一尘不染的世界，它用它独特的手法精雕细琢着每一个角落，让你感觉到它的用心所在。

六年前，我用自己仅有的钱，背上那时候所认为的一辈子的银行的债，买了一个属于自己的格子间小屋。和上海这个城市一样，我用心的装饰着，我用自己仅有的血汗和金钱，不放过每一个角落。那时候的生活，感觉就像在天堂。或许人的满足就是如此了吧。虽然那个格子，我往床上一坐，所有的风景能尽收眼底，但是，这就是所谓的安全感吧，所有的不安全也可以让我尽收眼底。

那时候的我，一个人，自由自在的生活着，我每个月都在漫无目的的花着自己挣的钱，除了每月固定去一次银行外，剩下的都是自己的零花钱，是一个十足的月光族，每天都在尽情的享受着上海给我带来的一切。虽然偶尔回家，父母还是那样唠叨，一个女孩子，在那边那么辛苦，不如回来算了。我听之任之，依旧沉迷于上海的生活，向往着，那种独立、自由、奢华、优雅，不一定永远属于自己，但可以用眼睛去看，用心灵去感受，让它属于自己的生活。

一年多前，结婚了，同时也搬进了一个140平方米的房子，在老上海人眼里的郊区，依旧开心的背着银行的债务，开心的承担着各种各样的生活成本，只是，这种开心的背后，有了更多的责任、忧愁与向往。

如今，身孕九个半月，依旧怀着对上海的梦幻，但是，肩上的责任多了好多。是上海给予的更多的希望，也是上海给予的更多的梦幻。

房子，孩子，或许还有车子，都成了我在上海的财产，

我每天都在努力着，但早已不是以前的我，以前的我，享受的是我自己，现在的我，考虑的更多的是生活，以后在上海的生活，孩子的生活，家人的生活。生活中的每一个细节，上海人的每一个责任。

上海，给人以梦幻，给人以现实，世博的到来，也给人以更多的责任，尤其是社会责任。上海人，开心满怀的享受着上海带给他的一切，有梦幻的，也有现实的；同时信心十足的承担着上海带给他的责任，这一切，都是现实的。

寻找上海的感觉

施荣（上海）

上海，一座特立独行的城市，她有着自己的婀娜与文化。上海，一座总是走在时代前列的城市，有容乃大的包容与和谐，让她一直闪耀在长江的入海口。上海，一座养育了我二十多年的城市，一直让我苦苦痴迷，苦苦寻找，寻找记忆中的上海，寻找眼睛里的上海，寻找梦中的上海，寻找着属于上海特色的上海。

记得在看陈丹青老师的《多余的素材》这本书时，其中一篇归国的确认，让我产生了很强烈的共鸣。书中写道，陈丹青老师作为一位上海人，在归国的那一刻，如同许多华侨和游学归来的学子们那般，去吃了碗带有上海浓郁特色的阳春面，想寻觅一丝儿时的欢笑，寻找记忆角落中的那份上海情怀。如今踏入面馆吃只有飘着几根香葱的阳春面的顾客越来越少了，这也难怪，生活水平的提高，让人们对需要有了更精细的要求。但我们也不难发现，生活质量上的提升让我们得到许多的同时也失去了不少。

前几天，“奢侈”了一把，却让我仿佛又寻找到了上海的感觉。自从从石库门老房子搬入高耸的钢筋水泥森林中之后，就再也没有走入大饼油条摊头的我，在被上海人誉为“四大金刚”的早餐摊吃了顿早餐。当我走入隐藏在上海某个石库门住宅区中的这家大饼摊，记忆深处的那丝味道扑面而来，坐在并不整洁的长凳上，学着坐在身边那些老上海的样子，叫唤着“老板，来份大饼油条，加块粢饭糕和一碗咸豆浆”时，那些躲藏在记忆某角落里的影像仿佛被唤醒似的，觉得是那么熟悉与亲切。品尝着在现代都市人看来是“垃圾”食品的“四大金刚”，居然有了种莫名的满足感，那么自然，那么温馨，这种满足感就如同在自己孩童时代，爷爷把油条买回家，剪碎了一大家人一人一小块沾着酱油吃的感觉，这是怎样的一种惬意与舒心。

坐在长凳上，看着不时有年轻的上班族到大饼摊前买早餐，行色匆匆，再看看坐在身边那些满脸皱纹的老上海们，笃定的坐在简陋的店堂里吃着早餐，聊着国家大事侃着家长里短，这种场景让我深深感动。想起了，老上海石库门，老里弄里生活的点点滴滴；想起了，石库门老房子中孩子们夏天躲在路灯下大战“四国军棋”；想起了，吃完晚餐大家摇着扇子坐在弄堂内漫天闲聊；想起了，早晨邻居阿婆

们提着竹篮三五结对买菜归来的场面；想起了……

城市变了，环境变了，但记忆不会改变。上海，这座我生活二十多年的城市，有着太多太多珍贵的童年记忆，有着专属于它的城市故事，这也许就是埋在我记忆深处里的城市味道吧，只属于上海的城市味道。而如今，当想要重温这种味道时，它已慢慢变成为了一种奢侈的享受。那就让我们在这样一个不断前行着的，经典与时尚交织在一起的城市中去细细寻觅一丝属于每个拥有上海情怀的人们记忆深处中的城市味道吧。

此心安处是吾乡

俞昌基（上海）

去年，我在档案馆的一个展会上得到了一本著名画家陆志文的画集《上海名人故居》。陆先生耗时费力十余年，探访了上海三百多处名人故宅，创作了一百多幅自成系列的宣纸彩墨画；他在每幅画的下方，都写了三四百字的短文来解说故居的建筑特色、格局安排和名人简历，还配有英语译文。

浏览画集，我这个生于斯长于斯的老上海不时会凝眸发呆，因为那些熟悉的画面带着我穿过时空隧道，回到了昨天。这是我去过的茂名北路的毛泽东旧居，典型的老式石库门里弄住宅：清水外墙，条石门框，黑漆大门，铜环门把。当年，伟人曾携夫人杨开慧女士及岸英、岸青两个幼儿居住在此。记得二楼还有个毛岸英烈士陈列室，他二十八岁就牺牲在朝鲜战场……这是巴金住了半个多世纪的独立式花园别墅，近处的白杨故居是一幢漂亮的小白楼。犹记“文革”中，我还在这两个名宅的外墙上看到过铺天盖地的大字报。我们这些老上海曾经与名人一起经受严寒，穿过风雨，走进阳光……

我又有点惭愧：自诩老上海，可画册中的大部分故居我却未曾拜瞻，如徐光启、吴昌硕、黄炎培、陈云、张元济、陈楚湘、史沫特莱……于是，我根据画集上的地址，带上地图和相机，走上了寻访上海名人故居的游程。

在淮海中路的宋庆龄故居，我拍下了老人家最喜爱的一棵棵大樟树。记得著名女作家茹志鹃曾写短文赞美故居中的樟树“阴凉大,不招虫”,以树喻人,歌颂了“国母”造福于民、洁身如玉的高风亮节。在华山路的蔡元培故居，我了解到这位被誉为“学界泰斗，人世楷模”的大教育家辛苦辗转一世，却清贫一生，他七十岁时竟然还没有一隅私宅；这漂亮的故居洋房是蔡先生在大陆最后租借的居所。第二次造访，我约老友一起走进了周恩来、鲁迅等人的旧宅和多伦路文化名人街……听着故居中老地板吱吱呀呀的响声，我仿佛看到了在风雨如磐的岁月，上海的一大批革命志士和文化巨人在呐喊，在抗争，也有像“左联五烈士”那样“我以我血献轩辕”！

回来后，我遴选了几十张我拍的名宅的照片，在电脑的“演示文稿”中制成了《上海名人故居游》的PPS，即配有文字说明和背景音乐的幻灯片，再通过网络发给亲友。不料有人发来“伊妹儿”，夸我这做法既怡情又健身，大可效仿。还有一位退休老友提议：现在上海的地铁四通八达，出行便

捷，以后可以多设计几条寻访大上海名人故居的线路，一月一游，不亦乐乎？此议甚合我意。

我要感谢陆志文先生的画集，他给了我审美享受和一个上海人文资源的信息库。我更要感谢那些名人故居为我们后人留驻了岁月屐痕，所谓“人去楼不空”！古人说得好：“此心安处是吾乡。”确实，当你跨进那些名人故居，一切喧嚣、张扬、浮躁、冲撞……都会消失殆尽。你能平心静气地凭吊那些珍贵的文博景观，触摸前辈精英的脉动，解读上海的文化性格。其实，上海的三百余处名人故居都是弥足珍贵的文化遗产，它既是文物“硬件”，又是一种“软实力”、“软环境”，当然也是一座城市的独特的名片！但是颇为遗憾的是，现在有些故居已经拆除了（如胡适），有些还没开放（如巴金），而且我们的纸质媒体对名人故居的宣传似乎很不够。记得在国外旅游时，我曾看到免费的伦敦地铁地图上密密麻麻地注着名人故居的位置（包括孙中山和老舍），在布拉格还见过一张“卡夫卡地图”，上面标着与作家有关的二十多处场所，在维也纳还有所谓的“音乐家地图”……他山之石，或可攻玉吧！

城市因书而温柔

洪毓琦（上海）

身在上海，平日最爱逛的地方有二处：福州路文化街与文庙书市。它们虽分处两地，却无一处没有书的身影。与书相伴，已然成了我生活于城市中的一种状态：即使寻之漫漫亦感悠然，阅之静谧而不失亲切。总之，恰恰是这书的存在让我感知了这座城市的温柔。

坐落在市中心的福州路，与著名的南京路步行街紧紧相邻，使上海得以在商业最为繁华之处留守住了一股浓浓的书香。这恰似一位商界精英，在现代市场竞争驰骋的同时，还保持着一种崇知求学的理性态度。每每逛街于此，看着那些满手捧书的人们在各大书店间摩肩接踵，络绎不绝，不仅有感于国际大都市的那份紧张与匆忙，也更加深刻体会到高速发展的城市对于知识的高度渴求。这是一座现代化城市的应有姿态，因为如今的一切成果皆源于我们对于知识的追求与运用，而一条主流文化街的繁荣则表现出这座城市对于书的重视，对于知识的尊重。在我眼里，福州路是温柔的，它为上海增添了一份必需的儒雅，寓意着我们面对浮华时应当的沉稳与从容。

相比于此，文庙书市则显得朴实无华。周末的旧书集市虽没有福州路那般人若山海，却也十分热闹。摊主们彼此熟稔，相互关照，略显老旧的文庙着实难觅商气，反倒多了些许街坊邻里式的亲切。在如此氛围下，淘书也成了书虫们最为享受的过程。或许购书者往往是些视爱书为无价之宝，却又不善砍价的文弱书生，在他们眼里书的价值终究是高于价格的，若寻找到一本绝版古旧之类的孤本更是如此。故而所谓“讨还”不过是大多淘书人的形式抵抗，不求绝对占尽便宜，只求那份如获至宝的满足，有点像古玩业里的那句行话：“我捡漏了！”既然自认捡漏，当是无懊悔之说了。当然，除却三言两语草草收场的，也有久经沙场的淘书老将，为获爱书与摊主展开激烈的斗智斗勇。不过，也许由于书是文化的产物，理应有别于其他器物，从而无论杀价至何种地步，其中言行都颇显读书人的文明与礼貌，很难出现面红耳赤，互不妥协的场景，往往不是摊主见顾客不舍神情而心生怜悯，就是顾客以百般劝说而与摊主达成一致，在两者间实现价值与价格的“双赢”，最终彼此相逢一笑泯恩仇，皆大欢喜。每逢这般，一股欣然

情致油然而生：这是文庙赋予城市的温柔，在钢筋水泥的丛林里为忙碌于时代浪潮的我们保留了一缕臻于原味的书香，视之隐约，感之真切，无论得失成败，皆是乐在其中，贵于一份脱于世俗的心神悠然。

近日听闻韩正市长在访问台北期间夜逛“诚品书店”，购了四本关于城市建设的书籍，而店内读者见了也只以微笑致意。我对此十分高兴，既欣慰于市长求之于书的良行，也赞叹于台北读者文明知礼的素养。这是一座国际化城市的文化榜样，摩登而绝非冰冷，现代却不乏温柔。上海，这座迈向国际的大都市，也当让读书成为城市传承文化，沟通彼此的重要方法与桥梁。因为真正的城市是因书而温柔的，而温柔的城市其生活才得以更加美好！

心中的城

倪政南（上海）

有人说：张爱玲的离世带走了关于一座城的全部回忆。那座城便是上海。

我的童年是在充溢着海派气息的老洋房里长大的。虽然隔着漫长的时光，洋房无可避免地与年迈的外祖父母一样渐渐老去了，但是她骨子里浪漫旖旎的风情却仍旧时不时地会冒出来勾动无限的情思与回想。那些雕花的扶手和彩色的玻璃窗虽然落满尘埃，却依旧鲜活美丽。《倾城之恋》里白流苏三代同堂的老屋应该是如此吧，《金锁记》里窄小的上海小楼应该也与它有着共同之处吧。原来，在看不见的角落里，张爱玲的上海还在顽强而倔强地生存着。那个时候，所有的烦恼不过是何时才能够与那高高的窗棂一般高，何时才可以不用睡午觉。温暖的客堂间是我游戏的去处，小小的亭子间里则充溢着关于学习的回忆。当这些名词渐渐式微，心中也便多了莫名的痛楚，也许这便是怀旧。

待到改革开放的浪潮席卷而来，整个上海就成为了巨大的工地。在《飘》里，斯嘉丽爱上亚特兰大就是因为她四处涌动着的青春朝气以及难以预想的未来。那个时候的上海也似乎又重回了童年时代，无限的商机、无处不在的建设、密集的人流以及日新月异的发展，无怪乎许多人会惊呼“冒险家的乐园又回来了”。在举城动迁的热潮中，我也有幸为上海的发展做出了自己的贡献。离开老房子的那一刻懵懂的我忽然悲从中来：是不是今生再也无缘见到这所故居？是不是就这样挥别了自己的童年。那个年纪，半大的小孩子总喜欢用鲁迅的书来证明自己的成长与成熟。我看《朝花夕拾》，看深沉的鲁迅先生饶有兴趣地描绘自己的童年，看他字里行间犀利的隐退和真情的告白，我突然明白童年和故居并没有消失，它们早已经被妥帖地保管在了记忆之中。

十年弹指一挥间，长大以后突然爱上了不曾亲眼目睹的老上海。周旋的动人歌声，阮玲玉的绝代风情，十里洋场蒙眬的影像总能催发我追寻的好奇。多伦路、田子坊、武康路、新天地，那些热闹的不热闹的老建筑与现代化的上海有机的融合，成为互不侵犯又相互点睛的文化遗存。《上海的风花雪月》、《上海名门闺秀》、《长恨歌》、《上海的红颜遗事》，那些人，那些事，渐渐在书中串成了绚烂的星河。

天气晴好的日子里，坐在咖啡馆里打量那沉淀着时光的老马路。阳光为建筑披上金色的薄纱,行人放缓了匆匆的脚步,回忆仿佛咖啡的香气氤氲而起，岁月就如同老唱片里回味悠长的吟唱。就在不经意间，对这座城市的爱又多了一分，对未来又更添了向往与期待。

透过书本看上海。过去的上海是张爱玲笔下犀利的文字，是鲁迅书中战斗的呼号，而如今的上海则是一部海纳百川、含义丰富的未尽的传奇。

穿越黄浦江

唐池子（上海）

今天，带着女儿驱车疾驶延安东路隧道，刚满 18 个月的女儿瞪着黑亮的眼睛，问："干什么呀？"遇到她不明白的想知道的，她都会用这个句式。我听懂了她的问题，实际上她是在问："这是在哪里呀？""宝贝，我们在黄浦江下。"我轻轻回答。很快，车出隧道，转瞬从灯火闪烁转入阳光明媚中，女儿又在惊喜地叫："开啦！"她只用一个动词，就准确地表达了她所感受到了的光线和空间的改变。穿越黄浦江，天地真的开了，世纪大道满地的花草和浦东的现代建筑群立刻生动地平铺眼前。

我轻轻舒了一口气，因为小女儿的提醒，很多复杂的思绪涌上心头。

十二年前，一个千里迢迢赶来上海寻找张爱玲气息、长发拂腰、满脸幻梦的文学女孩，就站在黄浦江这一江春水上，怀着无限的憧憬，舒展着自由的双臂，闭着做梦的眼睛，轻轻说：“你好，黄浦江！”十二年前，只有唯一一个我，除了涨得满满的梦想和热情，真正的一无所有。

伴着默默流淌了数千年的黄浦江水，我年轻的生命也默默流转了一个年轮。似水流年。今天，不仅仅只有我，还有一个温馨的家，还有一个全世界最可爱的小天使在我身边。离上海世博会开幕仅差不到一个月的日子，感受着浦东张灯结彩的佳节气息，我们穿越十二年来美丽依旧的黄浦江。

《我的城市，我的梦》，有关我在上海追梦11年间历经的真实故事，写于去年，是《少年文艺》的约稿。本来设想的篇幅由于字数限制大打折扣，感觉意犹未尽，没有道尽此间的诸种滋味。许多感叹化作一个诗意的背影：执著的女孩，默默背负着文学梦，咬紧牙关往前走。没想到文章发表后，收到了一连串意料之外的惊喜和感动。

原中国作协书记处书记、远在北京的束沛德老师在邮件里说道，“读了你的作品，对你的经历、理想、追求有了更为清晰的了解。你学养较丰，功底较厚，又富有生气、潜力，前景很美好。”年近九十的著名儿童诗人圣野老师在电话里激动地说：“唐池子同志，读了你的文章，我才真正了解你。”“你笔下的上海，是我见到的描绘上海的最精彩的笔墨之一。”好友辫子姐姐雨君发来短信：“很感动。池子，你一定会好。会更好。会更更好……”常福生老师在长长的信

里写道，“你本身就是一篇长篇小说，非常精彩……”陈逸汝老师说，“你的梦会飞起来，会飞得很高很远。”让我更加惊讶的是，一位来自内蒙古叫晓璇的读者，在QQ留言道，“池子姐姐，我一直喜欢你。现在，我更加爱你。我喜欢你写的每本书。我会永远支持你。”

又想起了多年前淮海路上的那次漫步。那天独自漫步淮海路，一路美人如过江之鲫，连连惊艳。容颜平凡的自己一点点缩小：“我在哪里，无可替代、自信自强的我在哪里？”神情黯然地走着，走着走着，突然一阵醍醐灌顶。我存在，因为我会写作。我会在这座美丽的城市这条繁华的柏油路上，用我的文字我的角度我的感觉，记录下属于我的一切，我因此血肉相连地与这座城市生活在一起。我属于她，她也被我属有。我终于找到了与这座城市心灵相通的独特方式。

仅仅因为一篇小小的文章，比得上黄浦江最微小的一滴水滴吗，老师们读者们却回应给了我漫江的快乐和满足。回顾十二年来埋首用青春砌着理想的基石，师友读者们给予我的鼓励和关切，写作和生活馈赠给我的无价心灵财富，真的，我还奢求什么呢，我要让更多的心灵之花喷涌而出，让我的诗意浪漫美好使这座变成了家的城市，增添一份美丽，一份妖娆。这是我对这座城市的回报和承诺。

今天，十二年后，带着女儿穿越黄浦江。一个年轮。闪耀着汗水、泪水和欢笑的闪亮的年轮。

下一个年轮呢，如果再带十二年后的女儿穿越黄浦江，女儿又会向我问起什么，我又会向她讲述哪个心灵故事？

天地完全开了，满世界的芳香，天空像蔚蓝色的原野……

看了《蜗居》学编剧

唐冬梅（上海）

十五年前当我认识现在的老公时，他可是一文不名的穷小子。那时的上海，房子没有这么热，商品房刚刚起步。在上海读了八年师范的我，没有学到一点上海美眉的嗲，却早早地懂得上海一间房的重要性。可是虽然具有前瞻性，但是我还是义无反顾地嫁给了我心中的理想——名牌大学生忠厚老实的经济适用男，从此就和他说了十年蜗居的台词。

他本来就是上海本地人，也有一砖半房，而且还不是那么可怜的草屋半间。可是那一幢房子那时真是一钱不值，

虽然造这幢房子已经花掉他父母大半辈子的钱和他父亲的性命，可是换不来他儿媳妇的一丝笑脸。离开我们的工作和生活要求是十万八千的远。我当时是铁定要嫁给他，可是他是铁定的没有钱，除了我看重领导看不重的一张名牌大学的毕业证书，除此别无所长。我那样爱恨交加地说，你们家在错误的时间，错误的地点，造了这么一幢错误的房子。如果当时这幢房子造在地理位置好的城市边缘，那也是摇钱树啊！可是那时是不可能的，据他妈妈说，那时造房子是计划批的,哪由得你做主,能造房子已经很不错了。

没有票子就没有房子，没有房子就没有孩子。我们的婚期在找钱觅房里纠结。给领导送礼我们想过没做过，于是好处没得到却得到了当时很少见的辞职。排队买房眼睁睁被别人挤兑，恨得咬牙切齿毒咒滥施也没有应验，最终人家赏了一套被人退下来的新房。毫无积蓄，四处举债临了还缺一半的时候，能够三天两夜的守候那时不肯贷款给我们的银行负责人，人家感动加感慨给皇恩浩大了一回，才有了蜗居一间。

正如当年著作郎讽刺未出名的白居易一样：“长安百物贵，居大不易。”觅得小屋，上海百物贵，居住实在不易。哪里是有了房子就可以有孩子平安日子啊！《蜗居》里海萍骂苏淳的话，一切因为贫穷而无师自通。我把中文系的高材生的好口才全用在骂老公的本事上了。无姿无色的我，有才有德的他，无法演绎《蜗居》中的原罪爆发，一切都在不停地碰壁、总结、奋斗中寻找发现实现自己价值的地方。上海曾经是冒险家的乐园，今天已经发展成梦想家的乐园。有梦想就有奇迹。那么多开发的热土，那么多新建的开发区，难道容不下这么一个吃苦耐劳勤恳干活的优秀人才？不是吗？自动控制专业的他竟然加入了炙手可热的汽车行业，从此就有了稳定的收入。能够凭借智慧，不需人情成本的证券交易中，开辟了第二产业，增加了隐形收入。又能够敏锐地把握当时大家还比较陌生的基金行情，挖到了真正属于自己的人生第一桶金。我们的蜗居变成了敞居，这个时候才有了《蜗居》热播。

老公看了《蜗居》第一页就对我说，我不用看了这些都是你以前说我的，我看你都可以给六六写续集，名字就叫《敞居》。各位看官，我现在利用双休日就是在学编剧，不久的将来请大家一起看我的新作喔！

从“书墙”到蓝森林书屋——我的图书馆记忆

凌春蓉（上海）

在我的学生时代，书多少是让人有点敬畏的，而图书馆对小孩子们来说，更是一个相当庄严的地方。

我就读的小学在上海的一个叫“大自鸣钟”的地方（所谓的“大自鸣钟”，现在应该有个时髦的名字——地标建筑吧），我的小学里是有一座小小的图书馆的，那是一栋独立的小楼，安安静静地矗立在教学楼的尽头。走进图书馆，扑面而来的是一整排的书架，像一堵墙一样竖在眼前。书架靠借阅者的这边，用粗粗的铁丝网整个儿地封住。很奇怪，

那铁丝网并不像通常的那样显得阴森冷峻，而是透着什么十分吸引人的气息。也许是因为所有的书正一册册地站在铁丝网后边，书脊挨着书脊，密密麻麻的美术字而形成的一种气氛吧。

当然，这么摆放着的图书，小学生们是完全看不见封面，更不要说书的内容了。要借哪本书，完全凭借书籍上那几个字的书名，以及自己从书名而发散开去的想象。定下要哪本了，就要和管理员指出，而正因为借阅者和管理员间有一堵密实的“书墙”，而且图书馆也不好大声讲话，所以便形成了独特的借阅暗号：待管理员走近，借阅者便要用手指穿过粗粗的铁丝网，将那本需要的书的书脊按下去，那边的管理员看见哪本书凸出来了，便晓得是要哪本了。

整个过程干净利落，甚至不需要说一句话。现在回想起来，有多少个午后，小小的我踌躇在书架前，一个字一个字地看着那些书名，认真地比较着、思索着：到底借哪本好呢？哪本会更好看一些呢？一直到时间实在不够，才匆匆忙忙地借好书，踏着急促的上课铃声，飞奔到教室里。

二十多年过去了，我从一个徘徊在书墙前的小学生，变成了成天和书打交道的出版人。我和这个城市一起分享着成长的喜悦。今年，当我的女儿和我说起她幼儿园里的图书馆，让我不禁想立刻走进去看看，看看她的图书馆。

那是一个叫做“蓝森林书屋”的地方，宽敞而明亮。所有的书都摆放得和孩子们的视线一般高，而且齐刷刷地“正面”面对着他们。这些书有的呆在圆圆的山洞里，有的放在矮矮的茶几上，更有一些干脆和滑滑梯做了朋友，孩子们走上楼梯拿到书，然后滑着滑梯下来。在这个图书馆里，还有许多让孩子们读书的地方，有的像咖啡吧，小小的单人沙发和高背的火车座椅能让孩子们“各自为政”，互不干扰地读自己的书；还有一些角落又布置得像帐篷、小屋，让孩子们又可以三五成群地分享一本书，小声的交流伴随着嬉笑，让旁人看得煞是喜欢。

不过，最让我喜欢的是，那天，我牵着女儿的小手，陪她在图书馆选了一本她想读的书。然后，我们俩窝在一个暖暖的粉红色软垫里，很惬意地读了那本书。

上海，我的母亲城

樊发稼（上海）

我原是崇明岛上一个乡童。17 至 20 岁，我人生中最美好的年华是在上海市度过的，那时我就读于上海外国语学院。

上海，是我最亲爱的母亲城！

十六铺，是我首次踏上申城土地的码头。1954 年夏天那个雨夜，我和当年崇明中学高中毕业的学友们下船后，在班主任昝泰昌先生（曾任崇明县政协委员）带领下，乘三轮车从十六铺赶往南洋模范中学，为的是参加全国统一高考。

大学期间，我参加了上海市青年文学创作组。市青年宫和巨鹿路675号作协优雅院子里的小洋楼，是我们经常活动的地方。难忘市作协、《萌芽》杂志编辑部的靳以、哈华、哈宽贵、屠翠珍、芦芒、陈山、沙金等领导、前辈作家和诗人对我们这批文学青年的热心引领、组织、辅导；由于参加了青年文学创作组，使我有机会认识胡万春、唐克新、赵自、郑成义、福庚等当时沪上颇有名气的青年作家、诗人、评论家。作为文学青年，我和同好们在《解放日报》大会议室聆听过著名诗人石方禹的创作报告，与来沪访问的知名作家、诗人艾青、沙鸥、公木、方敬、萧殷等见面座谈。记得与萧殷先生见面座谈是在作协一个仄小会议室进行的，内容已大部忘却，但萧先生关于文学作者应该具有敏锐的艺术感受能力的话，令我牢记一生。难忘多次和青年创作组成员宁宇、宫玺、黎汝清、陈智、韦光洪（韦苇）等于假日去沪郊农村采访、写作、交换和讨论各自的习作。更难忘1956年10月中旬那个金色的秋日，我们青年文学创作组全体成员应邀参加了在虹口公园（即今鲁迅公园）隆重举行的鲁迅迁墓仪式，见到了宋庆龄、茅盾、周扬、巴金、许广平等文化界知名人士以及年轻的海婴夫妇。

当然犹难忘怀的是，《青年报》、《解放日报》、《文汇报》、《新闻日报》、《劳动报》、《文艺月报》、《展望》周刊以及《少年文艺》、《文化学习》、《宣传手册》等报刊编辑部对我在写作上的热情指点、帮助或不时发表我的习作。时隔半个多世纪后的今天，我还十分清楚记得，我曾多次从我就读的“上外”所在地西体育会路119号出发，经虹口公园、北四川路，过苏州河，步行一个半小时左右，到圆明园路

50号和149号《文汇报》、《新民晚报》社财务科领取稿费的情景。1955年春夏之交，我在《少年文艺》发表一首诗，从北四川路邮局领回11元崭新的人民币新币后，用5元买布料，花1元做工费，制作了一身“洋布”蓝色青年装，余下5元寄给了窘居崇明乡下的慈母，据说母亲收到后热泪盈眶，逢人就夸耀说：“我二伲子在上海赚到钞票了！”

我读“上外”俄语专业并非我的“志愿”。但当“文学翻译家”的美好理想，促使我在校期间拼命用功学习俄文，甚至背诵过陈昌浩编的一本俄华袖珍小辞典。直到毕业，我的所有俄文课目无论期中考查、期末考试，门门都是满分5分，口译、笔译成绩均名列前茅。课余阅读了大量中外文学名著，从中贪婪地汲取艺术营养，并时有短小创作和译作发表。记得有个星期天，我和冯联璋、朱縢怡两位同学一起去高安路某公寓向著名青年翻译家盛草婴讨教文学翻译问题，获益匪浅。那时我国第一个“五年计划”刚刚制定实施，苏联为我们援建156项重大建设项目，中苏关系极好，我的苏籍老师布扎诺夫、捷列茨尼斯基、赫列苗夫斯卡娅、阿列克山德拉芙娜以及中国教授、翻译家浦允南、朱韵清、戚雨村等先生，个个勤勉敬业、爱生如子，为我们营造了极为良好的高校外语学习环境和氛围。正是这些父母般良师的谆谆教导，使我毕业时成为一名合格的翻译人才。惜乎不久中苏两党两国交恶，我这个科班出身的俄文翻译落得个无用武之地。但无论从事何种职业，我对文学的钟爱始终未变。是上海，为我奠下了最初的文学基石。经过长期艰苦努力奋斗，如今我已出版了近60种文论集和作品集，论著和作品多次荣获全国大奖；1996年在第五次全国作家代表大会上当选为中国作家协会全国委员会委员。随后，我曾几次随中国作家代表团出国访问，应邀赴境外讲学。

是上海给了我最初文学乳汁的哺育，我的文学生涯是从上海起步的。

啊，上海，我最亲爱的母亲城！

4 城与书：各地

每一座城市都蕴含深邃的品格，

每一座城市都值得细细品读

大庆白杨

刘佩学（黑龙江 大庆）

来到大庆油田，尤其在油田矿区往来穿梭以后，你就会惊奇地发现，白杨树真可谓无处不在！

是的，大庆白杨树遍及油田的各个角落。一望无际的盐碱滩上，微风吹过，盐碱面儿、沙尘就会扑面而来，迷你的眼，干涩你的脸庞。春秋两季，隔三差五就刮起“大烟泡”。“大烟泡”刮起来，荒原上顿时就形成了高过几百米的灰尘屏障，视线所及之处蒙眬一片，别说行人，就是车辆也只好停下来，给钻井施工带来了难以预料的麻烦。植树造林，茫茫的盐碱滩上，不知试种了多少树种，来年春天，又是一片光秃秃的盐碱滩！

手指粗细的白杨树苗插入干硬的盐碱地里，几场雨飘下，皮肤般细嫩的树干长出了鹅黄的叶蕾，用不了几天，白杨树就扬起了宽大的叶子。雨季到来，白杨树招摇在泥水里，叶子就耷拉下来，几乎就贴在了树干上，谁都为她捏把汗。谁能想到，太阳出来，雨水渗了下去，宽大的杨树叶就蓬勃起来了。经过严寒的冬天，春天来了，新栽的白杨树也同荒原上的百草一样恢复了生机。严重的春旱袭来，新栽的白杨树又面临着生死的考验，荒原上一片皲裂，百草枯萎，白杨树刚萌发出来的嫩芽相继脱落，白杨树危在旦夕。就在白杨树干近于干枯时，一场大雨如期而至，白杨树又焕发了生机。听园林专家说，盐碱地上的白杨树，至少要经过三个春秋的考验，才能保证白杨树真正的存活。

盐碱滩、荒原上的沟沟坎坎、路旁……到处都有白杨树的身影。白杨树从成活到蓬勃起来，直至如盖的绿阴，快速的会让你惊奇！往日茫茫的盐碱荒原，就是因为有了白杨树，才赋予了勃勃生机。

来到大庆油田，朋友就会带你去杨树林看看。

杨树林，是一片树林，也是大庆油田的一个地名。杨树林位于大庆油田的南二三区块，你要是来到这里，一定会被这片生长得极其茂盛的杨树林吸引住了。路旁粗壮的杨树，梢间交错，严严实实地遮挡着烈烈的阳光，风过林梢带来了股股清新的凉爽，顿时就会让你感觉神清气爽。路两边漫延成林的杨树，梢间不时地浮动着音符般的鹊巢。放眼望去，一片接着一片的杨树在道路两旁向纵深蔓延着，走在其中，就会体味到遮天蔽日的感觉……那时候，你就

会问，谁说大庆油田到处是盐碱滩？到处是荒原？那瞬间，也许就会陶醉在杨树林，那片一望无际的绿色海洋之中。杨树林深处，就是铁人来到大庆所打第一口井的位置，历经沧桑的“铁人第一口井”竟还在产油，不能不说是一个奇迹。也许你听了讲解员带着感情色彩的“叙述”，曾经脑海里空泛的“铁人精神”才渐渐赋予了些许具体的内容，才知道，杨树林承载着“铁人精神”踏进大庆油田的丝丝印痕。

公园内、居民小区、道路两旁……不时地就会看到苍翠的白杨树伴着一直不停息的磕头机的情形，静静的白杨树为背景，红黄相间的磕头机在忙碌地勾画着，也许你会由衷赞叹着这是最美的画面。其实，只有大庆油田的石油人才会清楚如此美丽剪影背后所付出的艰辛！毫不讳言，荒原上星罗棋布的井位，势必同零星点缀的白杨树争夺着生存位置。几乎每一次，石油人都为白杨树让路。石油人懂得，尊重白杨树的尊严，就是尊重生命的尊严，从某种意义来说，也是尊重人类自己的尊严！

永远也不会忘记，大庆油田南二三区块会战时，会战指挥部就设立在一片蓬勃的杨树林下。石油人那种坚忍不拔、无私奉献的精神无一不得到杨树林的最好见证。从那时起，我深切体味到，石油人的精神就是白杨树精神的写照与延伸！

也许在有些人眼里，白杨树早已是一种司空见惯的植物，就像他们看到钻塔下往来的石油工人一样，没有什么特别的感受，更不会有澎湃汹涌的激情。正因为如此，白杨树看似平凡的树木，却能够在恶劣的盐碱滩上坚强地生活下去，并蓬勃成一处处风景。每一个石油人也是这样，他们每一天的工作是平淡的，甚至乏味的，就是这样日复一日按部就班的“平凡”，让他们取得了不平凡的辉煌！寓平凡之中，创造出不平凡的业绩，不正是白杨树精神的体现吗？我赞美大庆的白杨树，更赞美奋斗在茫茫荒原上的石油人！

一座古老城市的沉潜与喧嚣

李建民（福建 泉州）

我居住的这座城市叫“泉州”，古称“刺桐城”。中世纪的意大利旅行家马可·波罗来过，泉州自唐代开埠，即为中国南方四大对外通商口岸之一。宋元时期，泉州港一跃成为四大港之首，以“刺桐港”之名驰誉世界，成为与埃及亚历山大港相媲美的“东方第一大港”，呈现“市井十洲人”、“涨海声中万国商”的繁荣景象。在马可·波罗之前，一位意大利犹太商人冒险远航东方，他的目的地是一座中国都市，称作光明之城。这位商人兼学者的雅各·德安科纳之旅，年代为1270年至1273年。他在1271年，即南宋度宗咸淳七年，到达光明之城，即我现在居住的泉州。他写下的这本《光明之城》成了比《马可·波罗游记》更早的欧洲人访问中国的游记。这本游记的发现是这十来年的事，它再次让世界对我所居住的城市——泉州，投来了惊异的目光。

然而，泉州是沉潜的。宋元鼎盛的东方第一大港，明清之后便开始沉潜，她沉潜在倭寇海盗的枪声中，沉潜在清政府的“片板不得下海”的禁令下。港口的没落，沉寂了艨艟商舶，但断不了橹樯风帆，泉州人生存和发展的目光始终紧盯着世界的方向。开辟海上丝绸之路，据不完全统计19世纪以来从刺桐港走向世界各地的泉州人有七百万，这在某种意义上说，世界在泉州现有的人口之外，还存在一个同样规模的泉州。沉潜的泉州还有被联合国海丝考察团誉为“世界宗教博物馆”的许许多多历史的遗迹，随着宋代古船的出土，地上与地下共同构成了泉州这座世界宗教博物馆的“富矿区”。公元8世纪泉州从南安丰州东移到离港口较近的晋江下游，并建了一座方形的小城，一百年后它跻身于中国南方的大港之列。15世纪以后，四百年中才逐步退出古代世界历史舞台。明《闽大记》载泉州由小到大，曾从三平方华里扩大为三十华里。就是这么一座区区小城，历史上最盛时期有七座清真寺，一座灵山圣墓命名的山，1981年前发现的阿拉伯、波斯碑铭近200余方，而印度教石刻在泉州的大量发现，迄今达300余方，在数量上超过了伊斯兰石刻，这是中国其他地方均未被发现的宗教奇迹。开放的刺桐港，开放的古泉州成了佛教、伊斯兰教、印度教、基督教、天主教、摩尼教、日

本教、拜物教等多种宗教和发源于中国的道教的聚集地。宗教门类齐全，名寺古刹众多，至目前为止，全市被列为全国重点文物保护的 14 个单位中，与宗教有直接关系的达 11 处之多，被列为省级文物重点保护的 46 个单位，宗教占 23 个。如此密集，价值如此之高的宗教遗迹，让泉州被佛教称为“泉南佛国”，被道教称为“闽南蓬莱”，被联合国科教文组织称为“世界宗教博物馆”。

就是这样一座小城，由商而来的世界宗教以庙观寺堂、圣墓廊柱、摩崖石刻存在于泉州，同时，又以《马可 · 波罗游记》、《光明之城》传播于世。重商不轻儒和重儒不轻商的泉州，把他们的美好传统传至今日，使得今日的泉州成了福建省民营经济最活跃的地区，经济总量为福建省第一位。在这里我们不仅领略到沉潜于泉州文化里的“拳头烧酒曲”爱文尚武传统之风，看到了南音、南戏、南建筑、南少林丰厚的文化积淀，在这里我们也领略到今日市场经济相当繁荣的晋江、石狮“品牌之都”的创新精神和敢拼会赢的自觉进取！我常常在沉潜中听到喧嚣，在喧嚣中看到沉潜，就像历史自身一样：从沉潜中跃起，从喧嚣中思索！这便是历史的泉州，也是今日的泉州，魅力的泉州。我想在这样一座城市居住，需要一种怎样的品格、怎样的精神才能与之适应？！

我为我居住的城市思索与自豪！

乡村葡萄城市酒

李士剑（河南 南阳）

吾现在待这地方，既没出过飞碟，也与百慕大沾不上边。但我们这些看起来活蹦乱跳搞石油的，偏就整不清两桩事：居住之地是城还是乡？身份是市民还是村民？

说俺这是城市吧，周围很多家庭只要打开窗户，跳进视线的就是田野，乡村中鸡鸣鸭叫狗吠声声入耳。要说这是乡吧，人们抬脚出门就是宽阔的大马路，车流、红绿灯、超市、银行，拐弯就碰头。

要按户口簿说事么，俺们应该是河南省南阳市宛城区市民。可很多人上班，却离南阳市区有百里甚至千里万里之遥，且人家很多市里人，压根也没那个认同感，张口闭口就说，你们油田人。

河南油田人哪，如飘荡在城市与乡村上空的风筝，搞不清自己被哪根线在拽着。

琢磨起来，我们生存中的一呼一吸，似乎全掺兑着城市与乡村的复合空气。

一位80后文友告诉我，他和同龄人多次感受身份的被幽默。考入外地大学后，人家始终问号不断：你是南阳人，为何不会说河南话却一口普通话？你说住在乡村，怎么穿衣打扮很时尚？你老爸是四川人老妈是新疆人？那你咋又是南阳人？

有南阳市友人指点，当然应为居南阳市自豪啰。南阳市空气的丝丝缕缕，飘出中华文明发展史的城市气息呢。诗仙李白在此感叹："此地多英豪，邈然不可攀。"曾为夏朝、楚国早期的国都，申国之都，东汉的南都，都有史书记载哦。南阳走出的名人更是个顶个的棒："科圣"张衡，"商圣"范蠡，"医圣"张仲景，"智圣"诸葛亮，韩愈、岑参、张继文采四射……

而让村民们说起来，"你们油田工人才来几年哪"。瞧，入另类了。桐柏山下，村民们和采油工人唠起，这里的盘古开了天地。在西峡，村民会指认恐龙蛋化石群。在新野，村民会指给石油人看刘备诸葛亮的议事台，关羽拴马的汉桑树。在田野，村民聊神祖姜子牙。在内乡县衙，会指着一副对联讲故事："得一官不荣，失一官不辱，勿说一官无用，地方全靠一官；吃是百姓饭，穿是百姓衣，莫道百姓可欺，自己也是百姓。"

有朋友可能要会心一笑，油田人身在福中不知福哇，只要舒适，无需论城乡之地，心存福祉，何必辨市民村民，唵?

但来自全国各地的找油人，仍有疑问：为啥就如油水难同层一样，城不认乡不留呢，感情上咋就老被人家隔着一层啥呢。

于是就冒出各种各样的答案——油田人的生活习惯，东西南北大杂烩，油田人的口音，南腔北调曲不同，油田人的来源，七十二行，油田人的行事方式，不伦不类无定规。因有果，果有因，自然尴尬不断；我国著名的南北分界线秦岭淮河一线横贯南阳东西，南阳不单是长江和黄河地理上的分水岭，还属长江经济带和亚欧大陆桥两廊之间，与武汉、郑州、西安三大城市圈不远不近，自然形成了南北经济交汇点。特殊的地理位置，特有的城市文化内涵，故，难以接纳“吉普赛”人似的找油人；南阳乃国家历史文化名城，几千年来，南接长江流域楚文化，北承黄河流域汉文化，灵秀与厚重并蓄，飘逸与雄浑兼容，而石油人经历千奇百怪，价值观多元化，遇强磁场，自然就心理失衡了。

喝，各路武林高手过招，到处闪耀着天、地、人的过去现在将来之光，耳边响彻城市与乡村的交响乐。犹如阅读一本多梭镜奇书。

俺这个非著名业余文学写手悟出点啥了：噢，非油田人愚笨，乃处境太玄幻嘢。偶们是干啥的？与几十亿年前远古神话对接的现代人哪，这穿越，并非纸上儿戏，而是真刀真枪交手。想想看，农耕经济文化的“精子”与现代“工业血液”的“卵子”自然受孕，如此大手笔下，找油人不停旋转置换于城市乡村中，能不困扰其生存环境和身份认同吗。

不如干脆就把复杂问题简单化：我和你，心连心，共居地球村，同圆人类文明梦。

漫卷诗书话古城

李子凡（河北 保定）

翻开老舍的《想北平》，每当读到“……我所爱的北平……是整个儿与我的心灵相黏合的一段历史……每一小的事件中有个我，我的每一思念中有个北平……”心中便会涌出难以用语言表达的感动，惹我思念不已的是我的故乡——古城保定。

对故乡的思念随着在外游学的日子一起一点一点地增长，过年匆匆回家，也住不上几日，来不及与这方生我养我的土地好好叙旧便转身踏上了旅程。每次从上海回家，都是伴着初冬的冷雨拎着简单的行李裹挟在熙攘的人流中

狼牙山五勇士

颠簸一夜疲惫地寻到熟悉的家门口，而每次从家返沪又都是迎着料峭的春风不厌其烦地从保定换车到北京然后经公交或地铁带着离家的思念和忐忑一步步坐上了南下的火车。

今天的我已经寻不到当年离家读书时的少年意气，对故乡的印象也在漂泊的过程中渐渐模糊而变淡了，每次填写履历提笔便写上保定，我对故乡的情感也像流畅的笔画一样飘了起来，像水中无根的浮萍，悠悠荡荡，无着无落。对于故乡，总是一厢情愿的认为就在眼前，就在耳边，就在心间，可是，当伸出双手想要抓住什么的时候，才真真地感到，我的故乡，我的保定，早已碎成一片片一点点，洒在岁月的流沙上一路二十余年。

破碎的记忆就好似如今雨中飘落的樱花，漫步其中的我，早已满身雨渍花痕，撞入我胸口的花瓣，使我不由得想起院 门前的那两株樱树了。我和它们的缘分只有短短一年的光景，那是我刚刚搬家不久，也是我南下读书的前一年，只有那个春天，几乎每天我都从它们的细枝花影中穿过，只是那时，我没有听懂拂颊而过的呢喃，没有记牢迎风而舞的倩影，总是将那一份自然的亲昵抛在脑后，敷衍一句来日方长。直到要离开时，才多少有些遗憾，而当意识到再也不可能与缤纷的樱花相会于古城春风中的时候，才真真的感到悲伤。大学暑假回家，院门前的樱树早已退去了一身的繁华，绿绿的叶层层掩映着密密的枝——记得当年读高中时，急急赶到教室，脱去外套，衣袖间不经意飘落一两枚樱花瓣，这份惬意只能从日记的册页中寻觅了。

老舍的文中，说到北平“既复杂又有个边际”，那让作者摸得着的边际便是“长着红酸枣的老城墙”。而小城保定，

也有那样一段铭记着我的成长的老城墙，它静静的横延在市南路边，早已被岁月斑驳得容颜憔悴，就像一位老奶奶照拂着孩子一样，我的整个中学六年，都是一辆单车一个背包沿着它来来回回日日夜夜。我和它最亲密的“接触”是在蝉儿都睡着了的夏日的午后，记得那时我刚刚学会骑车不久，沿着老城墙颤巍巍地缓行，阳光透过密匝匝的枝叶，晃得我眯着眼，微微觑着前行亮闪闪的路，可能是一阵急躁的铃铛声或是汽笛，吓得我前车把一歪，车子便斜着冲向了老城墙，手脚并用急忙刹车，两眼也不由自主地闭了起来，直到车子横倒在树阴下，而我也坐在了城墙根儿。每次回家，我总会沿着这城墙走上不知道多少个来回，要寻觅的不是青葱岁月，而是那让我摸得着边儿梦得见影儿的故乡。

年纪不大的我，早已搬过三次家，在保定城的东南西北都留下了身影，“真愿成为诗人，把一切好听好看的字都浸在自己的心血里，像杜鹃似的啼出北平的俊伟”，这是老舍的心愿，我又何尝不想成为那啼血的杜鹃呢？把对故乡的爱和思念、梦和牵绊、亭亭园园、山山水水都一股脑儿地啼出来：

钟鼓楼声声入耳，莲池苑字字关情，直隶署代代荣盛，大慈阁朝朝静悟，民邪？儒邪？吏邪？佛邪？百家汇聚一城，哪般是真面目？

黄金台春草初生，白洋淀夏苇葱茏，易水边秋风萧瑟，狼牙山冬雪肃然，信者，智者，侠者，勇者。燕赵自古豪情，我辈领会得来。

这就是我的故乡，燕赵古城，坐落于老舍笔下北平南面的保定——要落泪了，真想念它呀！

青果巷的老房子

张宇（江苏 常州）

改革开放第一年的春节前夕，10 岁的我和 6 岁的妹妹跟随父母举家搬到常州市机械新村，那时感觉机械新村离市中心很远，而且附近只有孤零零的 50 幢房子，很多房子还没有通电，我们家是点着蜡烛过的春节。房子是母亲单位分的，两室一厅，有卫生间和厨房、阳台，房子又大又宽敞，我和妹妹还在家搭了一个简易的乒乓球台，那时能住到那样的房子非常不容易，我们全家人兴奋了好一阵子。

1993 年 7 月，我离开父母独自一个人搬到青果巷，那是一间只有 17 平方米的老房子，年龄比我还要大，那一年

我正好25岁，还没有结婚，在一家发电厂上运行班。我无忧无虑地在那里居住了3年多，虽说时间不长，但却给我留下了难以磨灭的印象。1996年2月，我搬到了西新桥三村，那是一套70平方米的三室一厅的房子，是母亲为我买的商品房。2002年5月，我为了结婚又买了一套140多平方米的四室二厅二卫的房子。但我最难忘的还是青果巷的老房子。

最近，我骑车经过曾经居住过的青果巷35号时，发现依然如故，朱红漆的大门还是那个样，门前狭窄的马路依然坑坑洼洼，只是开来开去的汽车没有以前多了。想当年我住在这里时，正值同济桥扩建，汽车如潮水般地从这里经过，人来人往热闹非凡，我舅母曾在我家里午睡过一回，给她的感觉是汽车像是从她的头上开来开去，简直无法入睡，但我却一点也不觉得闹，反而觉得别有一番情趣。

我喜欢闹中取静，更喜欢来我家海阔天空闲聊的一群可爱的老邻居们。一到晚上，我家里就像是老年俱乐部，弄堂对面的，我家后面靠河边的，从不认识到认识，再到无话不谈的知己，他们给我讲了很多关于青果巷的典故和奇闻轶事，如刘国钧如何从一贫如洗成为民族工业巨子的以及他如何因材施教教育子女的，和对家乡父老的厚爱之情，并为常州所作的贡献等，还有瞿秋白诞生的八桂堂的故事，并带我去看了砌在墙角的八桂堂的石碑，同时还给我讲了语言学家赵元任和历史学家赵翼的故事，我对这些青果巷的名人充满了景仰。而他们讲得最多的则是明朝抗倭英雄唐荆川的故事，唤醒了我心中的英雄主义情结。我从小志存高远，曾希望自己长大后能成为一名军人保家卫国。我在高中时的同桌小丁，被特招去当了一名飞行员，令我羡慕不已。我的军人梦被我的近视眼给毁掉了，这成了我心中永远的痛。有位方姓邻居还给我讲了他弟弟在像我家这么大的房间里发奋苦读终有所成，那时的他弟弟，没日没夜地背英语单词，收听英语广播，在恢复高考后没多久，他就凭借扎实的英语功底考取了北京外国语学校，更幸运的是毕业后就进入联合国做了一名同步翻译，并在那里干了6年，随后定居美国经商，如今已事业有成。

在人杰地灵、名人辈出的青果巷不读书岂不有辱这千载读书地，于是我萌生了在青果巷这个只有17平方米的小家里建一个迷你小书房的念头。刚开始的迷你小书房只有一只书柜和一张书桌，我一有余钱就买书，那时的我买书很疯狂，宁可没钱买菜，也不能不买书，我甚至还赶到上海、南京等地去买书，买回来的书把整个书柜和书桌都塞满了，就连床上也堆满了，我最惬意的事就是躺在床上静静地看书。

一年后，我搬到青果巷52弄一间24平方米的老房子去住，我的迷你书房终于变得宽敞明亮了，青果巷35号成为我吃饭、会客、聊天的地方，而我的书房远离了喧嚣，安静得令人有点不适应，好在附近的热心邻居经常来我家串门，令我不再感到孤独和寂寞。

我最怀念的还是青果巷的梅雨季节，外面的雨下个不停，而我独坐在书桌前一边看着线装书一边品茗，雨声像动听的音乐令人沉醉，茶香沁人心脾，书香深入骨髓，令人兴奋不已，这种神仙快活的日子只有在这古老而宁静的青果巷才得以实现。而今，虽然我的书房比以前大了很多倍，但再也体验不到那种美妙意境。

青果巷是我心中永远的记忆老巷，老屋、老书桌、老书和滴滴嗒嗒的雨声混合成一幅绝美的画面，令人难以忘怀，但愿将来我能再次回到青果巷重温那美妙的意境。

今夜瓜熟，你还来否

武佩珧（安徽 安庆）

依稀地记得一本书，叫“孔雀霸”还是“孔雀河”的，忘了，是写第一批知青去新疆屯边的事的。

书很厚，本想去了新疆也到那些有孔雀河的地方看看，却是南辕北辙，四十年前我攥着它去了黑兄黑妹云集的北大荒。

我待的地方是一片林场，林子里有一片瓜地，夏至了瓜已成瓢，怕“人”和“狼”的侵害，那一夜我就带上了这本书与连里的支书一起值班，又叫 “守夜”。书记是个女的，有点矮胖，干活时特别用劲，一副不要命的样子，连男知青见了都怕。或许是生活状况的艰难，体力付出得太大，刚过四十的她头发已变成异常的枯黄、稀疏，有些谢顶的额在林子里斑驳的光下显得格外的亮和宽大，像一片刚被风掠过的沙丘，在等待着雨季。

篝火点在了瓜地的边上，有微风徐来，天庭上群星闪烁，深邃无边。她便端坐在篝火的一旁，看着刚刚还捧在我手中的这本书，也不知过了多少时间，迷迷糊糊的我看见她流泪了，我听到她喃喃自语的声音：沙漠里怎么会有这么一条河呢？塔里木这么大为什么就不管它了呢？它怎么会没有绿洲、没有支流呢？再等我又一次从梦里回来的时候，我发觉她已离我到林子里去了，继而我便听到她从遥远的林子里传出的哭声，沉沉地时无时续，是如此穿肠过肺的声音，那一夜从此让我知道了心的痛，尘世难容，岁月难托。

第二天我便去了离农场最近的大约有百里地的镇上，很郑重地买上一张牛皮纸，连夜地将这本书很认真地包上了，那时，我就有了一种很奇怪的想法，等我到了40岁的时候，我也一定要再翻一翻这本书，再看一下这本书到底是哪一章哪一页也会让我像她那样的撕心裂肺地大哭一场。

后来我从她的嘴里知道了我带回那一张牛皮纸的只有几条街的小镇，叫做庆安城，是百年前的一个山东汉子闯关东时在这落脚定居而成的。后来她又带上我用了整整的三天时间，去了小兴安岭的那一端，她的家乡阿城，她还告诉我说，她的家乡实际上已有两千多年的历史了，所谓的“大金朝”，所谓的“女真族”，大抵都发展和建都于此，我终于似懂非懂地知道了她时常对人说起的：“辛苦比不上庆安、心苦比不上金都”的真实含义，每当我累到躺下了

就不想起来的时候，一想起她所说过的这些话，我就会一骨碌地爬起来了。是啊，我的这些苦和庆安城、金上京和她的哭相比，是多么的渺小和不值一提啊。

后来她离队走了我才知道她原先的名字叫爱玛，满族人，因为嫁给了一位部队里的高官才改名叫白杨的。后来也太奇怪了，她走了没多久我就再也找不到这本书了，就是在去年，也就是在我56岁的那年的秋，我奉公又去了庆安县，又去了金上京，世事沧桑，人生百年，以前的茅檐下今日皆是庆安的通衢，过去的马蹄印里如今也都成了阿城的高楼。雪堆里还有多少过去的模样为我留下呢?

故而，我又想起了她，想起了庆安县，想起了阿城，想起了那本书和书里的那条河，孔雀河还在吗？水还在流吗？我在老林子里又辟出了一片瓜地，在瓜地边又燃上了一堆篝火，百里林海，千年雪原，故城依旧，故事依旧，只是今夜瓜熟，你还来否?

读南京

郑明智（江苏 南京）

城市是可以读的，不过是用脚。

用脚狠劲踩在这片层层积淀的土地上，感觉不是开朗，不是深厚，而是复杂。这就是南京。

六朝石刻伫立无声，却蔼然含笑。秦淮流水飘红映绿，但气韵难寻。梅花山依旧红艳，紫金山端然危坐，栖霞山秋风过处，秋叶飘落。只有从那夕照处蜿蜒的明城墙里，才品得出城市的厚味。

如今，南京的鼓楼、新街口一带，高楼林立，举目即是购物广场，高级饭店，休闲会所。这是南京最为繁华的地段。新式的活泼充斥于视野，人流来往，车行频频。与南京一样，在上海、北京、深圳、广州，城市化的快速推进，很快就使城市焕现新貌，现代都市的活络场景，时尚得让人惊讶。我们欣赏这份时尚，因为它便捷、条理、富有魅力，就像一本书中最灿烂漂亮的那几段文字，读着读着，让人高兴得不知所措。置身其中的人常常是忙碌的，忙碌得甚至有点迷醉。现代性是一种忙碌的高雅，我们面对现代性的图景高呼雀跃时，又常常为它单调的繁琐而疲累不已。

南京，像所有的城市一样在现代化大潮的裹挟中，陷入深深的思考。就像一位作家写作了大段大段几乎让人透不过起气来的锦绣文章后，突然平静得再难下笔。激情是有了，寂寞也来了，新与旧的复杂纠错中，有了不少尴尬。卖着鸭血粉丝的老店铺呢？默默聆听过《桃花扇》的临水老楼呢？只有认真地在那些老街里徘徊，仔细辨认，才知道，这里住过王导、谢安，徘徊过曾国藩、左宗棠。

南京，南京。山围故国周遭在，潮打空城寂寞回。南京最热闹的鼓楼区，汉口路上，有一所学府，它的前身是国立中央大学。徐步慢行于校园间，风云闲淡。花木几载，藤萝飘香，迎面走来颤巍巍的几位老人家，衣着简朴，有说有笑，竟是学界泰斗。最有名的是那座北大楼，攀满了爬山虎。它的身后，南京地标紫峰大夏刺破蓝天。它的身前，是曾经收容过无数难民的宁静校园。而它自己，则在岁月的穿错中冥思，究竟什么可以永恒。

南京，民族血泪的凝结点，历史硝烟的观战台。带着历史走向现代，又在现代的美丽中独自哀愁。华夏大地的其他都市不也有着同样的矛盾吗？什么样的东西才可以成

为支撑城市的灵魂。

城市是变迁着的，城市是发展着的。那个三次出家的梁武帝和烟火缭绕的四百八十寺都消失无踪，洪秀全的华丽天京和亭台宫榭早就埋没于战火。“无情最是台城柳，依旧烟笼十里堤”，历史浩淼的沧桑全然化作谈笑之间的烟尘，只有走在灵谷寺前的林阴道上，才陶醉地感受到城市的清凉。

城市的灵魂，不在那些山重水复、让人目眩的重重巨宇，不在于觥筹交错、复杂繁密的人情关系。思考早应落到深处，支撑城市的是城市的文化底蕴，是城市细处的颦笑风采，是举手投足间流露的全部情意。

南京有这样的资格。

好好地把三国烽烟，魏晋衣冠，六朝禅悟，南唐风流进行一番梳理。好好地对宋代故事，明代气魄，清代恶雨，民国乱云进行一番回顾。然后，把这些长长的情怀融入现代，构造一个真正富于美感的氛围，一个真正稳重于历史的城市。

从此，奇怪不再奇怪。老南京的悲剧体验也会走向大气和深刻，新的南京更会以空前的力度去续写将来的伟大。

记得达摩祖师到达金陵后，曾以一叶芦苇渡过长江。芦苇虽小，至柔至韧，人身虽大，悟智而轻。

我们的城市就像一具庞大的躯体，欲望纷乱，沉重而奇怪。然而一座真正优美的家园却需要智慧的眼光去细细雕琢。真正使我们智慧起来的就是这种柔软的美。城市需要这种柔软的美，城市的魂在于文化。

细读南京，相信有一天会从字里行间读到大气和人性。

十年一觉扬州梦

杨光（江苏 扬州）

人生的大部分时间是继续向前的，而有一部分是我们用来静静回忆的。那些过往的岁月，看似退却了当初的热情和期待，但在时间的蹉跎里，却多了一份历久弥新的味道。

我想我和大部分人一样，对扬州的钟情是从古典文学开始的。如今来扬州读书快两年了，“天下三分明月夜，二分无奈是扬州”，不知当初选择扬州是为了诗中的明月还是萧娘。

但依稀记得邂逅扬州，是在杜牧烟花般的诗词里。那里有醉人的醇酒，有温婉多情的歌女，有二十四桥的明月，有风流倜傥的匆匆岁月。

后来知道扬州城里还有李白的“烟花三月下扬州”，“扬州八怪”之首郑板桥的诗词，那首千古流传的名曲《广陵散》。

又是烟花三月。淮左名都，竹西佳处，不息的车流，林立的高楼、云集的商贾依旧在叩问古老的文昌阁。繁华中，一座古塔、一垣断墙、一座小桥、一曲流觞都在唤醒着这座城市记忆深处的故事。

曾经的滚滚红尘、战乱萧瑟，曾经的醉生梦死、纷至沓来，曾经的锦绣文章、霓裳艳影不知疲倦地演绎了数千年的历史。想当年隋炀帝为了观琼花，开凿大运河，扬州的繁华旖旎随着琼花的芬芳传遍天下。可若没有杜牧的诗魂相许，纵然扬州是千古名城，她也会不会如此情怀悠悠，让人欲罢不能。

杜牧的扬州既有“春风十里扬州路，卷上珠帘总不如”的绮丽多情，也有“二十四桥明月夜，玉人何处教吹箫”的惆怅伤惋。 然而杜牧对于这座城池也仅仅是一个过客，没有他，纵有李白、杜甫、郑板桥……无数的文人骚客在上自西汉下迄近代上下两千年里，竟留下了近两万首诗词。

这里有“人生只爱扬州住，夹岸垂杨春气薰”的春光烂漫，有“琼花观里花无比，明月楼头月有光”的花好月圆，有“青山半映瓜洲树，芳草斜连扬子桥”的青山绿水，也有“茱萸湾头雨乍晴，广陵城北田方耕”的世外桃源……

如今在扬州也住上一段时间了，或许时间真是感情的催化剂。细细咀嚼扬州，品味她南方的温柔旖旎，北方的博大豪放。我想扬州之魂，在于水。其深厚灿烂的文化，来自于滚滚东逝的长江水，来自于淡雅秀美的瘦西湖。浩

淼的长江上楼船夜雪的瓜洲渡，有男人铁马秋风大散关的豪气，有匹马千里觅封侯的鸿鹄之志；扬州城里月下飞天镜的瘦西湖，有男人红粉知己的梦想，有风花雪月的雅趣。

瘦西湖,虽借用了西湖之盛名,却丝毫不令人觉得市侩,反倒比“西湖”之称更平添几分妩媚。她也正如这婀娜多姿的名字一般纤细绰约：烟柳重锁，一泓绿水；青山白塔，杨柳依依；亭台楼阁，叶叶扁舟。巧的是我所在的学校与她仅有一条道路之隔，正如在长沙岳麓书院晨读的湖南大学学生，我们也能轻而易举地“窃”得这千年风流。

有时闲逛瘦西湖，消魂之地，轻歌曼舞，人在曲中，心在曲外。谁知竹西路，歌吹是扬州？而我却唯独偏爱童丽的《烟花三月下扬州》，她的嗓子很干净，幽情中透出的

是一个女子的忧郁和婉约。她也毫无保留地用嗓音诠释了扬州的宁静、芬芳和细腻。

扬州的细腻在于和其他城市相比，扬州没有高楼，特别是城东，更多的是寻常的巷陌，白墙青瓦，文静而素雅。或许数百年前，这里出出进进的，都是些在商场中叱咤风云的人物。白日里他们角力于商场，既彼此酬酢，又相互攻讦；到夜晚则歌吹沸天，一盏盏大红灯笼下，是粉妆玉琢的家养戏班，咿咿呀呀，弦歌不绝。

在南宫博的《十年一觉扬州梦》里，上面的一切都在上演着，这里有善意的节度使牛僧儒，有同样风流的韩绰判官，更有美丽聪慧的珊珊曼曼姐妹，集风流与真情于一体，拢浪漫和忧伤于一身。这样的一觉，千年也不觉得长。

先生说过：人生最痛苦的是梦醒了，无路可以走。我想在扬州做梦，痛苦的是梦醒了发觉梦醒了。在这烟花三月，总有折不断的柳，身处梦里江南，总有喝不玩的酒。直到那孤帆远影碧空尽，我才知道那思念比西湖瘦。

只是二十四桥仍在，波心荡，冷月无声。倒是桥边红药，年年知为谁生。

一觉十年梦，扬州依旧艳……

小胡同里的大天地

钱舒屏（江苏 常州）

书桌的抽屉里，珍藏着我的大学毕业论文，题为《北京与华盛顿街道名称的比较》，那不仅仅是我大学四年学业的一个总结，更是我对北京这座城市感情的一份寄托。

还记得做开题报告的时候，导师问我对什么比较感兴趣，我说对北京这座城市，他哑然失笑，教导我论文的切入点一定要小。可是，英语专业的我怎样用异国的语言来描绘我心中的北京呢？写北京的历史，太悬乎，写北京的文化，太空泛，我踌躇着用什么来纪念我对这个城市的感觉。

我是一个喜欢游走的人，看天，看地，看人群，看路边的剃头摊子，看大妈守护着的小店。莺飞草长的四月，我徘徊于什刹海的岸边，从宋庆龄故居到孔乙己酒馆，从垂钓的老北京到穿梭在烟袋斜街的金发碧眼，听着成群的鸭子在水上扑打嬉戏的声响，偶尔还有人力三轮车清脆的铃铛；王府井身后，寂静的小剧场隐藏在平常人家的起居生活里，我花上 10 块钱买张学生票，早早地来到胡同口，看着雪后暖阳下的青砖，和青砖白雪上行人经过的脚步，盲目地走进去，间或驻足在某个木板门前，看看门框上斑驳的痕迹。

胡同，北京历史文化的建筑载体，原来也是我对北京的寄情之所。

我走进学校的图书馆，查找关于北京胡同地名的书籍，从胡同的起源到历史变迁，从元大都的城建规划到胡同里留下的往事记忆，有些书是侧重数据的统计，有些书是纯粹的文学描绘。作为毕业论文的材料，我需要的是科学的分类归整，从北京街道的命名中找出一定的规律，然后跟美国首都作比较，找出相同点和不同点，可作为寄情的一篇文章，我需要更多的血肉和情感，倾注到字里行间。于是我又离开书本，离开那些凝固了的文字和图片，脑中存放着胡同的历史，双脚踏上胡同的今天。

其实在北京，有许多的地名或者街道名称，我们只能从他的字面深入到他的历史，至于名称来源的参照或者实物依托，早已经随着岁月的变迁而不复存在，比如北京旧城“内九外七”十六座城门，它们各自有不同的名字、用途和特征。清朝灭亡后，北京城池逐渐被拆毁，除宫城保留较好外，现皇城城门只有天安门被保留，内城仅存正阳门、

德胜门箭楼、东南角楼以及崇文门一段残余城墙，外城则完全被毁,只有永定门被重建。我曾傻傻地找寻《北京一夜》歌词中的地安门，幻想着体味一把动了真情的感觉，却只看到地安门东大街上车来人往熙熙攘攘的繁忙景象；也曾跑到天桥南大街去追寻天桥的踪影，依旧一场空后在《北京市宣武区地名志》中被告知早在七十年前，天桥的桥址就已经被全部拆除。在北京现代化都市的进程中，我们同时也丢失了许多宝贵的财产。当我们看着这些街道名称感觉怅然若失的时候，是不是也应该自我反省，注意保护好北京独特的历史文化传统，和承载着这些博大精深文化的载体呢?

如果说华盛顿的街道名称特征体现了美国人的数理逻辑，那么北京的胡同名称则具有民族、文化和社会地位等象征意义，是我们宝贵的地名文化遗产。胡同名称虽然不能代替实物的保存，但是在城市现代化的推进过程中不可避免的实物消失的情况下，保存胡同地名也是保存文化遗产的一种方式。“地名”，也可以被列为非物质文化遗产。我用他国的语言讲述着这样的道理，也更希望我们国人可以关注北京胡同，保护北京胡同，弘扬民族文化，将胡同中的小我关怀发展到国家的大我情操。

海水正蓝

黄鑫（广东 广州）

《海水正蓝》，封面很像一部韩国电影《触不到的恋人》里济州岛的海色——有点哀伤有点怀旧，适合在午后的阳光里信手乱翻，像极那种纸质的心情，被怀旧的虫子不断啃噬。

这是一本让人心存念想，勾人怀旧的书。

怀旧的东西容易让人情绪化，比方说《the sound of silence》，比方说《那些花儿》，比方说天边的晚霞……这些东西总是让文字找不到合适的出口，有点像春天和夏天过渡找不到合适的时间于是就老是一天拖一天，拖得人们都遗忘了，于是就好像自然多了一样。

久居羊城，最让我怀念的，莫过于珠海那蓝色的海。珠海，一个并不大的南方城市，因为南方的海洋，涂染了美丽而素雅的淡蓝色，那是一种未曾存在般虚幻而真实的蓝色，让人总是不自觉地沉浸在关于海水关于蓝色的念想里，仿佛走进一个四拐五折的迷宫里，然而却根本不想去寻找出口，或者出口并没有存在的价值。甚至希望有这样一条路，她可以一直就这样在蓝色里蓝色着。

这种情愫从珠海校区回迁广州校区之后的几年里不断弥漫。珠海可以说是一个个小小的岛屿泡出来的沿海城市，没有高傲的本位主义也没有冷艳的岛民意识。一直为我的母校处在一个与世无争的平静的地方感到无比庆幸，这是我一生都值得珍藏的厚礼，那是一个让人内心翻腾着眷恋与热爱的土地。或许因为蓝色的海，珠海的天空容易让人觉得潮湿，而我喜欢这种柔软得像棉花糖的天气，就好像一个撒娇的孩子让人心生涟漪。那个城市真正的孩子脸上总是带着一种满足的神情，一脸的幸福，这让我大学的前两年一直被幸福包围着。

我的大学时光和这个城市就如同秋阳和斑斓的秋天般，和我一路欢笑，一路相随，从不离弃。

此刻的珠海，想必海水正蓝。

广州的天空更多的时候布满阴霾，或许出于怀念，习惯在午后翻翻《海水正蓝》。想起一个有点小资有点暧昧的词——“雕刻时光”。在厦门的时候看过一本书，名字叫做《时光是用来消磨的》，是一对年轻的夫妇居住在鼓浪屿对时光的感悟，当时在鼓浪屿小住的时候觉得那“消磨”二字用得莫名的妙——鼓浪屿由着鹭江由着苍翠而沧桑的古

木，尤其当你穿梭于那些年代不详或者记载清晰的房子中间时，我想没有人会察觉到时间的流淌。

如果多年以后，要写一点关于大学时光的东西留作念想的话，我会选择“雕刻”这个词作为主题，因着珠海那蓝得恰到好处的海水。可以在情侣路上一个人对着海半天发愣或者牵着你心爱的人儿踏着和缓的步子尽情地沐浴在蓝色里，尤其在夏天，尤其像现在的晴天。一片的蓝加白——蓝色的天空，蓝色的是海水；白色的是底色，白色的是心情。一个人在海风刚刚好能吹皱海面却又不伤人脸的午后漫步在海滨大道，想事情或者干脆而纯粹的只是“看海”。这时候往往会有莫名的情愫涌上心头，大多时候，是感动。

时刻有一种冲动，写一个本子，记忆这四年经历的所有，或者拍段片子，反映真实的存在，画面一定做成灰色，安静的颜色，就像我的生活——安静的存在。等到老去的某一天，从抽屉抽出重温旧时光的时候，可以很突然地发觉，原来他城，也是故乡的一种。

此刻的珠海，必是海水正蓝。

体味江南　像鲁迅那样

韩光智（浙江　宁波）

跟着课本“到”绍兴。对绝大多数中国人来说，绍兴就是这样进入他们视野的。小时，我也是这样“进入”绍兴的。我在大别山乡村学校读着鲁迅。既《从百草园到三味书屋》，又随着闰土到瓜地里看瓜。对了，当然，少不了撑乌篷船看《社戏》。现在我还津津乐道的是，阿Q在回土谷祠的路上所唱的戏文。“锵令锵，手执钢鞭将你打……”还有什么“悔不该酒醉错斩了郑贤兄”之类。

现在寻思，鲁迅的三味书屋有哪三味？我倒不记得了。凭感觉，我判断，绍兴，或者说江南亦有三味。三味如何？

我拎不清。但我知道，这三味在哪里：一味在书里，一味在黄酒里，一味在戏中。

黄酒，是我到宁波工作后开始喝起的。当然当初并不喜欢，更谈不上达到孔乙己就茴香豆喝黄酒的境界。但几年下来，在冬日，温一瓶酒（绍兴的古越龙山最好）消解一天的疲乏，却是我在异乡已养成习惯的“温暖工程”。顺便说一句，宁波历史上曾属绍兴郡。喝黄酒，体味宁波风土人情，不曾想，无意之中知解了绍兴一味，或者说江南一味。

在戏中浸泡的江南或绍兴味道，我有过亲密接触，甚至可以说我走进了绍剧的后台，大略扫描到了绍剧的幕后情景。讲事体要从身边说起。住宁波，我和宁波人打交道。打来打去，最后一打听，不少人并不是宁波“土著”。这其中，有一位是我的邻居。他的儿子和我的儿子在同一个学校就读，且两人一起习武学音乐。这样，两家交往越来越紧密。一天，我邻居拿来他父亲的书稿（U 盘里），我这才知道我们和艺术家比邻：原来他的爸爸是“十三龄童”王振芳。其实，当时我不知道“十三龄童”，更不知道“十三龄童”名头有多大。后来有一次，我和一位宁波人电话交谈，有意无意中，我问他：“你知道‘十三龄童’？”他一口气说了许多有关“十三龄童”、有关绍剧的事体。

找时间，我认真通读了“十三龄童”自传体书稿，我的感觉是，艺术从苦里来。“十三龄童”，不仅和时代一起“吃苦”，1933 年出生，少年时代赶上了国难当头（且王家还是堕民后代，其苦更多）；而且学艺亦得从“苦”中求，9 岁开始在其祖父王茂源的指导下学戏，勤学苦练，有时

还有性命之忧。13 岁正式挂牌演出。得艺名“十三龄童”。其以清官戏见长，文戏武戏兼备，表演（调吊高手）、唱腔自成一格。代表剧目有《二堂放子》、《清官册》、《海瑞背纤》、《于谦》等。鲁迅笔下阿 Q 唱的“悔不该酒醉错斩了郑贤兄”，来自《龙虎斗》中的赵匡胤。赵匡胤这个角色，“十三龄童”曾经扮演过。

书和书稿还是有很大区别的。拿到“十三龄童”赠送我的《绍兴乱弹从艺录》（王振芳著，中国戏剧出版社 2007 年 1 月版），我发现，一是书的前面配了不少有历史价值的图片，二是书的后面有“十三龄童”（现在可是“七十四龄老汉”）亲手绘制的男吊七十二吊图谱（老来劲，学新艺：绘脸谱，习书法。此精神，感后人）。这使得没有亲眼看过绍戏的我，对绍戏多了一份感性的认识。

说来说去，黄酒可常喝，绍戏却没有看过一出。因缘际会，让我对绍兴、对江南有了更深的了解。由此，算不算，我已大体知晓江南三味了呢？这，我不能确定。我确定的是，如果再上学听老师讲鲁迅的《社戏》，我想，我理解得比儿时要深刻得多了。

在书中，在酒中，在戏中，就这样，我在岁月中走近鲁迅、体味江南。换言之，用流行的口吻，那就是，像鲁迅那样去体味、体味江南三味。

别后东湖付与谁

彭洁明（江苏 南京）

古来重九皆如此，别后西湖付与谁。

——苏轼《和晁同年九日见寄》

早便从苏轼的诗中偷来了这个题目，却一直没写；早想去东湖边的凌波门拍下黄昏湖岸红霞满天的样子，却一直没去。而一时的懒惰，或许就成了绵延多年的遗憾，恍然惊觉时，我已经身在他乡。但是，仅仅是因为懒吗？或者，东湖从不少我这样的归人与过客，我却怕少了东湖这样的风景与情怀。然而，它将永在，我已离去；我将深深将它

记住，它则将轻易地把我忘记。

记得初来武汉，初听东湖这个名字，我不由得想起了那位效颦的女人的名字。毕竟，没有像断桥残雪、雷锋夕照、平湖秋月这种嫁给了美丽传说的胜景，东湖似乎是贫瘠而不够浪漫的。然而多年以后，东湖对我而言，已不仅仅是一个名字——和所有的过往的风景一样，它们是颜色，温度，场景，味道，不是青，不是蓝，不能说是真，不能说是幻，不仅仅是朝岚暮霭，也不仅仅是春花秋月。那么它是什么呢？是一抹斜晖下的粼粼波光，是“曲港跳鱼，圆荷泻露，寂寞无人见”，真正想起时，却又是一片变幻着的模糊。

然而我又何曾忘记呢，有时，越远的反而越加清晰了起来，只需凭借一阵风，就可以钻进深宵的思量里。我还记得凌波门——暑热时有无数浮动着的人头，夜色中有三三两两喁喁私语的人，秋风带着寒意时，它则寂寞了。很多时候，我是观者，但某些时候，我不是那么清醒的看客。还很清楚地记得，大一时，和朋友沿着东湖骑车去公园，沿途嬉笑玩闹着，迎面的风是淡淡的；大三时，第一次在凌波门外，看湖滨如海滨般水天一色，此后，我很多次留连在黄昏中的冷与热中；而当读研后住得离东湖最近时，我却离它最远。那么今天，它是什么模样？

而今夜的我在千里之外的广东，窗外的夜色不是湖风皓月，而是车灯、行人和霓虹的光。远远近近的距离总是难以分辨的，今晚酒桌上的觥筹交错之后，当我走到这望江的酒楼走廊上看着江上的月色时，陡然觉得那些繁华不属于我，而我也不属于它。那么这月色呢？它属于我吗？我属于它吗？掐指算来，又是阴历十五了，应该是个月圆之夜吧，但中秋之外的月圆之夜，分明是寂寞的。

不由得想起了以前写的两句词，“照花水合碧云天，似此叛风弃月已多年”——有时，是身不由己，有时，是心不由己。东湖在哪里呢？其实，又岂止是东湖，多年以来，那些告别过的种种，真的可以在回忆中找到吗？“古来重久皆如此，别后西湖付与谁”，苏轼的这首重阳诗中的句子，真是第一流的，在表达与隐藏、说出与说不出之间，我竟找到了一种亘古不变的落寞——我们都是渺小的人类，有那么多温柔的无可奈何。

一座城市的故事：读了半生

薛正昌（宁夏 银川）

六盘山下有一条河，叫清水河。因了清水河，上游西岸诞生了一座城，名固原。西周时期，这里就是防御北方少数民族南下的地方，《诗经》里称其为大原。历史很悠久了，史书记载凿凿。如果从汉代高平县筑城算起，已经是一座二千多年的古城了。在这漫长的岁月里，这座城与中国历史上许多重大历史事件和重要人物结下了缘分。汉武帝六次在这里巡边，司马迁笔下的安定郡，光武帝刘秀在高平大宴群臣，宇文泰与李贤家族的特殊经历，唐太宗李世民、肃宗李亨在固原……丝绸之路同样在这座城市里留下了中西方文化融合的遗存，还有那传承千古的诗人和他们的诗歌……近年，中国与中亚五国联合申报丝绸之路世界文化遗产，这座古城已作为申遗的重要遗产地。

北魏时期，是固原筑城的重要时期之一。关陇统治集团的奠基者宇文泰，实际上是一个没有黄袍加身的统治者。他在经营关陇统治集团的同时，刻意经营着这座城市。他的儿子宇文邕做了北周的皇帝后，依旧牵念着他曾经生活过的固原城，当时称为高平镇。北周天和四年（569）大规模修筑固原城。近千年后的明朝，固原成了与蒙古兵锋对峙的重要地区，指挥西北军事的陕西三边总督府就设置在这座城市里。北周修筑的城，成为内城，明朝修筑的城成了外城，规模更大，而且是青一色的大砖所包砌，是北方著名的砖包城。清代几百年，城池基本完好，成了北方地区一大景观。已故著名历史地理学家史念海先生说过：没有拆除的固原城，比山西平遥古城还要好。民国以来，尤其是 1920 年海原大地震后已有损伤。上世纪 70 年代初，彻底毁掉了，城砖全部拆除放入地下，成了修建防空洞的材料。

第一次看到这座城墙雄伟的样子，是在上世纪 70 年代初一个繁星满天的夏夜。那一年，我 15 岁。从我们家到城里，有五十余华里行程，我跟着哥哥，拉着装有二百斤左右重的架子车（人力车）。同行的还有一家兄弟俩，同样也是拉着大致相同重量的车子。经过近乎一夜的行程，当朝霞映红天边时，我们到了城里。青砖包砌的古城，就耸立在我们的面前，数层石条铺就的墙基，看上去非常坚固；城墙上有凸出的马面，城墙顶端的城堞造型凸凹有致，与小人书连环画里看到的城一模一样；南城门四道圆型门洞，皆砖石砌就，看上去青苔遍布，沧桑斑驳。目睹过千年的古城墙后，城的影子就深深地留在心里。

数年后，我有幸在城里读书了，但曾经看到过的雄伟的城墙却只剩下了土胎，而且千疮百孔。后来才知道，城墙砖扒掉后全部运到地下，修筑防空洞了。历史的年轮又转过了数年。1981 年夏，我读完专科学校中文专业后，托上苍的福，奇迹般能在曾经读过书的这座城里的一所高校工作。这时候，城墙的土胎已经一段一段被铲平，古城墙基本告别了这个世界。

经历了两千年风风雨雨的固原城，本身就是一部厚重的无字之书，但历史与文化的久远经历，都浓缩在它身上。如果说承载着历史文化的古城已经远去，那么，典籍和地方志书里记载的古城依然显活着，还在述说着古城曾经的历史。近二十余年，我就生活、工作在这座古城里，在不断阅读典籍和记载与这座城市有关的书籍外，还不停地阅读和体悟着历史时空与文化积淀写就的这部大书，它是历史延伸过程中的驿站，尤其是后者：秦皇汉武、战争场面、达官显贵、文人墨客、商贾僧旅，还有丝绸之路上中西文化交流过程中的人和事……都会向你走来，他们会给你讲述与这座古城有关的历史和文化。有了这种特殊的感觉和生活经历，我在想读懂这座古城前天和昨天的同时，能清晰地勾勒出的它的历史线索，能相对完整的复原式的描述出所经历的文化现象，便有了追述和再现这座城市的文字，历史的记忆和情感的追述，都浓缩在早已撰写并出版的几部书稿里，这座城市的古今、文化的多样性脉络都凝固在里面。

有缘于这座城市，成就了我二十余年的漫长追求和不懈解读：有了长时间的解读和审视，我受益于这座城市。历史太厚重了，文化现象太丰富了，她伴随着我的人生旅程。我的理解，我的视野，我的情感，都围绕着这座城市的故事。欣慰的是，我对这座城市的解读所留下的文字，同样为后人了解这座城市架上了桥梁，开辟了一条鲜花盛开的幽径。他们一旦踏上了这条小径，同样会吮吸到弥久而新的醇香，会欣赏到清新淡雅的四季山水图，会审视到中西文化融会过程中遗存在这里的文化遗产的价值和意义。

现在，我离开这座城市已七八个年头了，但留在心中的城永远没有远离，经常回归到没有城墙的城市里。解读这座城市的根，仍然在这座城市里，她依旧给我提供着与历史和文化结缘的乳汁，见证着这座城市的变迁。当看到《文汇读书周报》刊发的“我的城市我的书”这个题目时，思绪马上回到了学习、生活和工作过的这座古城，便写下了这篇承载着我人生经历的文字。

品味天津

赵华（天津）

她既没有北京的大气和儒雅，也没有上海的摩登和高贵，更没有香港的繁荣与动感，而她却是我心中的最爱。我喜爱她的平凡和低调，中意她的热情和豪放，痴迷她的典雅和格调。她，留下了我无数的足迹，带给了我太多的遐想，赋予了我深刻的记忆。她是谁？一座北方的大城，天子的渡口，渤海的明珠。她，就是天津，一座我深爱着并将长期深爱的城市。

一个城市的生活，能否使你感受到幸福与快乐？才是精髓所在。正所谓："城市，让生活更美好。"我深爱着她，因为，生活在这座城，在拥有归属感与安全感的同时，她带给了我无尽的幸福与欢乐；生活在这座城，我忘却了烦恼与悲伤，摒弃了伤感与压抑，拥有了欢声与笑语，追求着豪放与洒脱。

品味一座城市，犹如阅读一本书籍，只有静静思考，细心的品味，才能领会书中的真谛，洞察书籍的精髓。回顾在津时光，我将大把时间花费在了阅读书籍和品味城市上，阅读的几乎都是关于天津的书籍，品味的是天津这座城。借助书籍的力量，以书籍为工具，是我品味天津这座城的渠道与策略。通过阅读这些书籍，全景的天津展现在我的眼前。

阅读小说《玉碎》，使我了解到天津浓厚的民俗与民风。每当漫步于古文化街，“泥人张”小雕塑与杨柳青年画映入眼帘，经典的相声段子从街巷的阁楼中传来，街上人群熙熙攘攘，比肩接踵，天后宫中，游人络绎不绝，香火袅袅，好一派津沽民俗文化之风！怎一个热闹了得。驻足在结尾典当行门前，我仿佛穿越时空，回到了上个世纪 30 年代，体验着典当事业的繁荣与昌盛。《玉碎》不仅让我体会到了天津的民风，而且为我阐述了“宁为玉碎，不为瓦全”的民族气节。30 年代的天津，处在日本侵略者的残酷统治下，天津人民生活在水深火热之中。在那段血雨腥风的时间里，天津人民与侵略者进行着不屈不挠的斗争。历史仍将被铭记，天津人民“宁为玉碎，不为瓦全”的民族气节是海河儿女的天性使然，是抵抗侵略者残酷统治的完美诠释。正如一个民族不能没有民族之魂，一个城市也不能缺少城市之魂。“宁为玉碎，不为瓦全”的城市之魂融入到每个海河

津門故里

儿女的脊梁中，使他们摒弃了气馁与懦弱，具备了坚韧与顽强。依靠着城市之魂抵御住了侵略者的残酷侵略与压迫，赢得了胜利与光明。和平年代的今天，天津仍将凭借城市之魂营造光辉岁月与盛世津城。天津的明天值得我们期待。

《天津历史》仿佛一幅历史画卷展现在眼前，那些消逝了的岁月历历在目，既有波澜壮阔又有风平浪静，既有民族耻辱又有光辉岁月。天津的历史虽然不长，仅有六百余年，但她的丰富经历却是许多城市无法匹敌的。设城驻卫奠定了天津的京畿门户地位，洋务运动提升了天津的城市实力，开放港口、租地划界在屈辱历史的背景下造就了天津光辉岁月。近代百年看天津，天津所有的悲喜交加、春风得意、荣辱岁月几乎都融入了近代，天津在近代向世界展示了自己的繁荣与摩登。曾在世界舞台上风光无限、春风得意。近代的完结，尤其是在新中国成立后，北京首都地位的重新巩固，天津受到了来自北京的强烈辐射，以至于以后的数十年间都处于北京的笼罩之下。天津也曾一度被称为“北京的后花园”。因此，天津消沉的承受着巨大的压抑。幸运的是，今天的天津开始时来运转，消沉已久的天津似乎有了再度崛起的雄心壮志。在滨海新区拉动天津经济强劲增长的同时，天津的城市建设也在有条不紊的进行着，现在已经还原了许多近代的风情建筑。漫步于解放北路（金融街），似乎无异于在纽约华尔街；漫步于五大道风情区，无异于欧美之行；漫步于1902风情街，似乎嗅到了起士林餐厅散发出的可口可乐清香。驻足在利顺德大饭店的门前，仿佛看到了孙中山、胡佛、梅兰芳等名人政要进出利顺德的身影；驻足在溥仪的静园前，想象着末代皇帝在津的悲情岁月；驻足在袁世凯的故居前，想象着北洋时期作为影子首都的天津，袁世凯曾在此“指点江山”。漫步近代风情区之中，我好像已经穿越到近代，以现代人的身份洞察着近代天津的岁月风云。近代天津啊，在遭受屈辱与压迫的同时，也使她沐浴了欧风美雨，造就了天津中西合璧的城市景观。将来的天津,还会陆续还原英式风情区、法式风情区、德式风清区等，近代天津的繁荣景象在今天也可以完美呈现。如果想穿越历史，回到近代，Welcome to Tianjin。

曾经何时？阅读《周恩来》，参观周邓纪念馆，惊叹总理的充实生活与完美人生。缅怀总理的在津岁月，羡慕他的南开生涯，驻足在南开园总理塑像前铭记着那句“我是爱南开的”。从那时起心中有了非南开不上的宏伟梦想，为了激励自我，铭刻了“南开尚未入主，本人仍须努力”的座右铭。每次骑单车行走在南开园，心情无比的释然，羡慕漫步于大中路上的南开学子，想象着终有一天，我也是其中一员。曾几何时？我在老图书馆温习功课，在第二餐厅吃中午餐，在马蹄湖边读书看报，似乎正在迎接将来的南开生涯，见习着南开学子的身份。

《情调 . 上海》为我展示了一个小资的上海，其实，小资生活不仅仅是上海人的专利，在天津，你也可以去小资一把。你可以在小白楼音乐厅欣赏到美妙的交响乐与歌剧；你可以在外滩风尚品尝到黑咖啡与清香的下午茶；你可以在起士林吃到西式牛排与苏格兰威士忌；你可以在天塔一边吃晚餐，一边欣赏美丽的天津夜景。毋庸置疑，天津同样是个适宜小资居住的城市，小资们所追求的情调与氛围，在天津几乎都能寻觅到。至于对于大众休闲与娱乐、陶冶情操的场所更加不胜枚举。你可以去滨江道购物，在劝业场挑选名牌服饰与珠宝首饰；你可以去海滨浴场沐浴，在沙滩享受日光浴与海风；你可以去西开教堂祈祷，在牧师的引导下默读《圣经》。总而言之，天津，让你的生活更美好！

公元2004年，闲暇之时阅读《新闻周刊》，看到天津被称为：“等待骄傲的城市”后，心情无比地欢快。在这个城市生活了数年，把浓厚情感灌输到了这个城市，看到对她这样的评价，难免心中激动。是啊，天津已经消沉的在中国城市舞台上低调的度过了数十年的春秋，压抑许久的天津开始觉醒：“我不能再继续压抑与沉沦，奋起直追，还原一个真实的自我。”时机已经降临，滨海新区将成为中国经济增长的第三极。再铸辉煌只是时间问题。把握住千载难逢的机遇，迎接挑战，一个令中国骄傲的天津，不久的将来一定可以展示在世人面前。

编后记

今年的世界读书日（4月23日）正逢上海世博会开幕在即，世博会是人类文明和知识的盛会，每一次世博会都会使人类文明达到一个新的高度。书籍是人类文明传承的更古老的载体，千百年来人类的智慧通过书籍的记载一点一点累积起来，发达起来，形成一波又一波文明的浪潮，近150年，每一次浪潮的成果又通过世博会全面展示出来。

举办世博会是中国人一个世纪的梦，更有人在20世纪初就期待百年后在上海举办世博会，然而一百年的期待却是中国人通过艰苦卓绝的努力才变成现实，有多少书籍记载了中国人的思考，有多少书籍记载了中国人的奋斗，正是这些伟大的书籍传播的思想、观念、方法转化成伟大的变革。当上海终于登上世博会的舞台，成为世界科学文化最高、最新成果的荟萃之地的时候，许多人会回忆起那些推动中国进步的伟大书籍，更多人或许会期待新的传播人类最新文明的书籍。在这样一个时候，举办一次世博阅读论坛，让来自世界各地的知识精英与读者作一次面对面的交流，以这样的方式拥抱世博，体现了上海出版人对知识和人类文明的特殊礼遇。

为了让更多的读者参与我们的论坛，我们发起了外教社杯“我的城市我的书”征文活动，这次征文活动得到了上海外语教育出版社、新民晚报社、文汇读书周报社、文学报社和新浪网的大力支持，在此我们表示真诚的感谢。同济大学张生教授等许多学者和专家对征文活动给予了指导，没有他们的指导这次征文活动很难取得成功；许乃青、陈世强、戴怡、姜静、丁雨婷、朱琪参与了征文的组织和征文选的编选工作，做出了积极的贡献，对于这些专家和工作人员也在此表示真诚的感谢。

“我的城市我的书”将城市与书籍联系在一起，是希望给我们的城市增添更多的文化色彩，文化是一个民族的灵魂，伟大的文化造就伟大的民族，富裕起来的中华民族更需要文化的创新和文化的力量。我们将这次征文的成果汇集成一本小书《我的城市我的书——献给 2010 中国上海世博会》，感谢上海外语教育出版社庄智象社长为本书的出版创造了条件，感谢上海文艺出版社陈征社长为本书的出版安排了有经验的编辑和设计师，徐如麒先生和袁银昌先生在极其繁忙的工作中抽出时间精心编辑设计制作这本小书令我们感动。上海出版界的两位女总编孙欢、孙悦亲自动手帮我们选稿、编稿，还极富灵气地将所选征文编成“书与城：上海”、“书与城：各地”、“城与书：上海”、“城与书：各地”四个部分，使得这些分散的文章组织起来，有了生命。“书与城”和“城与书”从不同角度揭示了阅读对城市心灵的哺育，每一座城市都是一本读不尽的书，城市生活造就了自己的作家和读者。谨以此书作为世博公众论坛系列收官之作的世博阅读论坛的成果之一，献给世博之城上海，献给正在不断创造新的文化空间和文化生命的一座座中国城市。

编　者

2010 年 4 月

图书在版编目（CIP）数据

我的城市我的书 / 焦扬主编 .– 上海：上海文艺出版社 .2010.4

ISBN 978–7–5321–3855–5

Ⅰ . ①我…　Ⅱ . ①焦…　Ⅲ . ① . 读书活动 – 文集

Ⅳ . ① G252.17–53

中国版本图书馆 CIP 数据核字（2010）第 062040 号

我的城市我的书

焦 扬 主编

责任编辑：徐如麒

装帧设计：袁银昌

印前制作：袁银昌设计工作室 胡斌

世博场馆摄影：袁佳青

上海文艺出版社出版、发行

地址：上海绍兴路 74 号

电子信箱：cslcm@public1.sta.net.cn

网址：www.slcm.com

新华书店经销　上海界龙艺术印刷有限公司印刷

开本 850×1168 1/32 印张 8 图、文 256 面

2010 年 4 月第 1 版　2010 年 4 月第 1 次印刷

ISBN 978–7–5321–3855–5/I · 2959　定价：35.00 元

告读者　如发现本书有质量问题请与印刷厂质量科联系

T:021–58925888